PSICOLOGIA POSITIVA

COSTRUSCI LA TUA FELICITÁ

Tecniche e segreti per superare lo stress, vincere l'insicurezza e rafforzare l'autostima, giorno dopo giorno

Di **Giulia Castelli**

Sommario

Capitolo 1 5

Introduzione alla Psicologia Positiva 5

Esercizi Pratici per la Psicologia Positiva 21

Capitolo 2 26

Comprendere lo Stress 26

Esercizi Pratici per la Gestione dello Stress 43

Capitolo 3 48

Tecniche di Gestione dello Stress 48

Esercizi Pratici per la Gestione dello Stress 66

Capitolo 4 72

Vincere l'Insicurezza 72

Esercizi Pratici per Migliorare l'Autostima 87

Capitolo 5 92

Costruire l'Autostima 92

Esercizi Pratici per Mantenere un'Autostima Sana
.... 109

Capitolo 6 114

La Scienza della Felicità 114

Esercizi Pratici per Creare Abitudini che
Promuovono la Felicità 132

Capitolo 7 137

Relazioni Positive e Supporto Sociale 137

Esercizi Pratici per Rafforzare il Supporto Sociale
.... 154

Capitolo 8 159

Gratitudine e Apprezzamento 159

Esercizi Pratici per Mantenere una Mentalità di Gratitudine a Lungo Termine............................. 176

Capitolo 9 181

Scopo e Significato nella Vita 181

Esercizi Pratici per Allineare le Azioni Quotidiane con i Propri Valori e Scopi................................. 202

Capitolo 10 207

Resilienza e Adattabilità...................................... 207

Esercizi Pratici per Sviluppare la Resilienza 224

Capitolo 11.. 229

Mantenere uno Stile di Vita Equilibrato 229

Esercizi per Mettere in Pratica le Strategie 246

Capitolo 1

Introduzione alla Psicologia Positiva

Storia ed Evoluzione della Psicologia Positiva

La psicologia positiva è una disciplina relativamente giovane, ma le sue radici affondano in concetti e pratiche che risalgono a migliaia di anni fa. La sua storia e la sua evoluzione offrono una panoramica affascinante su come la scienza del benessere sia diventata un campo di studio rispettato e influente.

Il termine "psicologia positiva" è stato coniato da Abraham Maslow negli anni '50, ma è stato solo negli anni '90 che questa branca della psicologia ha guadagnato una vera e propria identità accademica. Maslow, noto per la sua teoria della gerarchia dei bisogni, credeva che la psicologia dovesse concentrarsi non solo sui disturbi mentali e sulle patologie, ma anche sulla crescita personale e sull'autorealizzazione. La sua visione era che la psicologia potesse aiutare le persone a vivere vite più piene e soddisfacenti.

Nonostante i primi contributi di Maslow, la psicologia positiva non ha preso piede fino alla fine del XX secolo. Uno dei principali promotori di questo campo è stato Martin Seligman, che nel 1998, durante il suo mandato come presidente dell'American Psychological Association, ha dichiarato che la psicologia doveva reindirizzare la sua attenzione. Seligman sosteneva che, per troppo tempo, la psicologia si era concentrata solo sul riparare ciò che non funzionava, tralasciando l'importanza di potenziare ciò che già funziona bene nelle persone. Il suo discorso segnò l'inizio di una nuova era.

Seligman, insieme a colleghi come Mihaly Csikszentmihalyi, noto per il concetto di "flow" (flusso), ha fondato le basi scientifiche della psicologia positiva. Il loro lavoro si è concentrato sullo studio delle emozioni positive, delle esperienze ottimali e delle caratteristiche umane che conducono a una vita felice e significativa. Hanno introdotto concetti come il benessere soggettivo, la resilienza e il potenziale umano, portando avanti ricerche empiriche per supportare queste idee.

Un'altra figura chiave nella storia della psicologia positiva è Barbara Fredrickson, la quale ha sviluppato la teoria delle "emozioni positive". Fredrickson ha dimostrato come le emozioni positive, oltre a migliorare il benessere immediato, possano anche ampliare il nostro repertorio di pensieri e azioni, costruendo risorse durature come la resilienza, l'intelligenza sociale e la salute fisica.

La psicologia positiva ha anche integrato influenze da altre discipline. La filosofia antica, per esempio, ha sempre trattato il tema della felicità e del vivere una vita buona. Pensatori come Aristotele e Confucio hanno discusso di virtù, significato e scopo, temi che la psicologia positiva ha ripreso e studiato con metodi scientifici. La moderna neuroscienza ha inoltre contribuito alla comprensione di come le pratiche positive influenzino il cervello e la biologia umana.

Oggi, la psicologia positiva è un campo dinamico e in crescita, con applicazioni che spaziano dalla psicoterapia al coaching, dall'educazione alla leadership aziendale. I ricercatori continuano a esplorare nuovi modi per promuovere il benessere e la resilienza, offrendo strumenti pratici per migliorare la qualità della vita delle persone. La psicologia positiva non si limita a trattare la malattia mentale, ma mira a costruire e potenziare la salute mentale, aiutando le persone a vivere non solo senza patologie, ma con una reale sensazione di appagamento e felicità.

Questo approccio ha cambiato radicalmente il modo in cui vediamo il benessere psicologico, promuovendo un cambiamento culturale verso una maggiore consapevolezza dell'importanza della salute mentale positiva. La psicologia positiva, con le sue radici antiche e il suo focus moderno, continua a evolversi, portando avanti la missione di aiutare le persone a vivere vite migliori e più felici.

Concetti Chiave: Felicità, Benessere e Resilienza

La psicologia positiva si basa su alcuni concetti fondamentali che aiutano a comprendere come le persone possono vivere una vita piena e appagante. Tra questi, la felicità, il benessere e la resilienza giocano un ruolo cruciale. Approfondire questi concetti chiave ci permette di costruire una base solida per applicare le strategie di psicologia positiva nella vita quotidiana.

La felicità è forse il concetto più immediatamente associato alla psicologia positiva. Tuttavia, non è solo una sensazione temporanea di gioia o piacere, ma un costrutto più complesso che include la soddisfazione di vita e il benessere emotivo. Martin Seligman ha proposto il modello PERMA per descrivere la felicità, che comprende cinque elementi essenziali: Emozioni Positive, Coinvolgimento, Relazioni, Significato e Realizzazione. Questi componenti interagiscono per creare una vita soddisfacente e felice. Ad esempio, le emozioni positive come la gratitudine, la gioia e l'amore migliorano la qualità della vita e rendono più facile affrontare le sfide quotidiane. Il coinvolgimento, o flow, è lo stato di immersione totale in un'attività che si ama, che non solo porta gioia ma anche una profonda soddisfazione.

Il benessere, strettamente legato alla felicità, è un concetto che abbraccia vari aspetti della vita. Non si limita alla salute fisica, ma include anche il benessere psicologico e sociale. Il benessere psicologico riguarda la percezione di controllo sulla propria vita, la sensazione di competenza e l'autorealizzazione. Il benessere sociale, invece, si riferisce alla qualità delle relazioni con gli altri e il senso di appartenenza a una comunità. La psicologia positiva promuove pratiche che migliorano tutti questi aspetti, come la cura di sé, la costruzione di relazioni significative e la ricerca di scopi e obiettivi che diano significato alla vita.

Un altro pilastro fondamentale della psicologia positiva è la resilienza, ovvero la capacità di affrontare e superare le avversità. La resilienza non significa semplicemente resistere alle difficoltà, ma anche trasformarle in opportunità di crescita. È la capacità di adattarsi ai cambiamenti, di recuperare rapidamente dalle crisi e di continuare a perseguire i propri obiettivi nonostante gli ostacoli. La resilienza è influenzata da vari fattori, tra cui il supporto sociale, l'atteggiamento mentale e le strategie di coping. La psicologia positiva si concentra su come potenziare questi fattori, fornendo strumenti pratici per sviluppare una mentalità resiliente. Ad esempio, praticare la gratitudine, mantenere una visione ottimistica e stabilire relazioni di supporto possono aumentare significativamente la resilienza.

In sintesi, la felicità, il benessere e la resilienza sono interconnessi e fondamentali per una vita positiva. La felicità non è solo un fine, ma un processo che si nutre di emozioni positive, coinvolgimento, relazioni significative, significato e realizzazione. Il benessere abbraccia una visione olistica della salute, che include aspetti fisici, psicologici e sociali. La resilienza, infine, è la capacità di non farsi abbattere dalle difficoltà, ma di utilizzarle come trampolini di lancio per crescere e migliorarsi.

Comprendere questi concetti chiave ci offre una mappa per navigare nella complessità della vita, aiutandoci a costruire un'esistenza non solo priva di sofferenze, ma ricca di soddisfazioni, relazioni significative e momenti di autentica felicità. La psicologia positiva, con il suo approccio proattivo e scientificamente fondato, ci fornisce gli strumenti per realizzare questo obiettivo, promuovendo una cultura del benessere che valorizza la crescita personale e collettiva.

Differenze tra Approccio Tradizionale e Positivo nella Psicologia

La psicologia tradizionale e la psicologia positiva, pur appartenendo allo stesso campo scientifico, differiscono notevolmente nei loro obiettivi, metodologie e prospettive. Comprendere queste differenze è fondamentale per apprezzare l'innovazione e l'importanza della psicologia positiva nel panorama contemporaneo.

L'approccio tradizionale della psicologia si è concentrato per molto tempo sullo studio delle patologie mentali, dei disturbi psicologici e dei comportamenti anormali. Questo orientamento, spesso definito come il "modello della malattia", si basa sull'identificazione e la cura dei sintomi di disturbi come la depressione, l'ansia e la schizofrenia. L'obiettivo principale è stato quello di riportare l'individuo a uno stato di normalità funzionale, riducendo i sintomi attraverso varie forme di terapia, come la psicoanalisi, la terapia cognitivo-comportamentale e l'uso di farmaci. Questo approccio è stato estremamente utile nel trattamento delle malattie mentali gravi e ha contribuito significativamente alla comprensione dei meccanismi psicologici sottostanti.

Tuttavia, l'approccio tradizionale ha anche dei limiti. Concentrandosi quasi esclusivamente sui problemi e sulle disfunzioni, ha spesso trascurato l'importanza di potenziare le capacità e le risorse positive degli individui. È qui che entra in gioco la psicologia positiva. Questa branca della psicologia, sviluppatasi principalmente negli ultimi decenni, si propone di esplorare e promuovere gli aspetti positivi dell'esperienza umana. Invece di focalizzarsi su ciò che non va, la psicologia positiva si interessa a ciò che rende la vita degna di essere vissuta, concentrandosi su concetti come la felicità, il benessere, la resilienza, le virtù e le potenzialità umane.

Uno degli aspetti distintivi della psicologia positiva è la sua enfasi sulle emozioni positive e sui punti di forza individuali. Mentre la psicologia tradizionale cerca di ridurre la sofferenza, la psicologia positiva cerca di aumentare la felicità e il benessere. Questo non significa che la psicologia positiva ignori i problemi e le difficoltà; piuttosto, si tratta di un approccio complementare che mira a costruire risorse positive che possono aiutare le persone a affrontare meglio le sfide della vita.

La metodologia della psicologia positiva differisce anche in modo significativo. Gli studi in questo campo spesso utilizzano metodi empirici per investigare cosa contribuisce al benessere e alla realizzazione personale. Ricercatori come Martin Seligman e Mihaly Csikszentmihalyi hanno condotto studi longitudinali e sperimentali per comprendere meglio come le persone possono raggiungere uno stato di flow, vivere una vita significativa e sviluppare resilienza. Questi studi hanno portato allo sviluppo di interventi pratici, come le tecniche di gratitudine, le pratiche di mindfulness e i programmi di sviluppo delle competenze sociali, che sono stati dimostrati efficaci nel migliorare il benessere.

Un'altra differenza chiave tra i due approcci è la loro visione del potenziale umano. La psicologia tradizionale tende a vedere il potenziale umano attraverso la lente delle limitazioni e delle vulnerabilità. La psicologia positiva, al contrario, adotta una visione più ottimistica e proattiva, enfatizzando il potenziale di crescita e miglioramento. Questo approccio non solo aiuta le persone a superare le loro difficoltà, ma le incoraggia anche a perseguire attivamente una vita piena di significato e soddisfazione.

Inoltre, la psicologia positiva si impegna a influenzare positivamente vari contesti sociali, come le scuole, i luoghi di lavoro e le comunità. Promuovendo interventi che migliorano il benessere collettivo, come i programmi di educazione socio-emotiva nelle scuole e le iniziative di benessere aziendale, la psicologia positiva mira a creare ambienti che supportano la crescita e il fiorire di individui e gruppi.

In sintesi, mentre la psicologia tradizionale e la psicologia positiva condividono l'obiettivo comune di migliorare la qualità della vita umana, lo fanno attraverso percorsi distinti. La psicologia tradizionale si concentra sulla diagnosi e il trattamento delle malattie mentali, mentre la psicologia positiva esplora e potenzia le risorse e le capacità che rendono la vita più ricca e significativa. Questa complementarità arricchisce il campo della psicologia, offrendo una gamma più ampia di strumenti e strategie per promuovere il benessere e la realizzazione personale.

Importanza della Mentalità Positiva nella Vita Quotidiana

La mentalità positiva è una componente essenziale per vivere una vita appagante e significativa. Adottare una mentalità positiva non significa ignorare le difficoltà o essere ingenuamente ottimisti; piuttosto, implica coltivare un atteggiamento proattivo e resiliente che ci aiuta a vedere le opportunità anche nelle sfide e a mantenere un senso di speranza e possibilità.

Una mentalità positiva influenza profondamente la nostra percezione e interpretazione degli eventi quotidiani. Quando affrontiamo situazioni difficili, una mentalità positiva ci permette di concentrarci sulle soluzioni piuttosto che sui problemi. Ad esempio, invece di vedere un fallimento come una dimostrazione della nostra incapacità, possiamo considerarlo un'opportunità di apprendimento e crescita. Questo approccio trasforma gli ostacoli in trampolini di lancio per il miglioramento personale.

La ricerca scientifica ha dimostrato che una mentalità positiva ha numerosi benefici psicologici e fisici. Le persone con una prospettiva positiva tendono ad avere livelli più bassi di stress, ansia e depressione. Questo perché un atteggiamento positivo favorisce l'attivazione di emozioni piacevoli, che a loro volta riducono l'impatto negativo dello stress sul corpo e sulla mente. Inoltre, le persone positive sono più inclini a impegnarsi in comportamenti salutari, come fare esercizio fisico regolarmente, seguire una dieta equilibrata e mantenere relazioni sociali forti, tutti fattori che contribuiscono al benessere generale.

Un altro aspetto cruciale della mentalità positiva è il suo effetto sulle relazioni interpersonali. Le persone che adottano un atteggiamento positivo tendono a essere più empatiche, aperte e collaborative. Questo non solo migliora la qualità delle loro relazioni, ma crea anche un ambiente sociale più supportivo e armonioso. In un contesto lavorativo, ad esempio, i leader con una mentalità positiva possono ispirare e motivare i loro team, promuovendo un clima di fiducia e cooperazione che porta a una maggiore produttività e soddisfazione sul lavoro.

La mentalità positiva è strettamente legata alla pratica della gratitudine. Essere grati per ciò che abbiamo, piuttosto che concentrarci su ciò che ci manca, ci aiuta a mantenere una visione ottimistica della vita. La gratitudine amplifica le emozioni positive e ci permette di apprezzare le piccole gioie quotidiane, contribuendo a una sensazione generale di felicità e appagamento. Praticare la gratitudine può essere semplice come tenere un diario in cui annotiamo le cose per cui siamo grati ogni giorno, o esprimere apprezzamento verso le persone che ci circondano.

Una mentalità positiva non è innata, ma può essere coltivata attraverso pratiche consapevoli. La meditazione mindfulness, ad esempio, ci aiuta a diventare più consapevoli dei nostri pensieri e a reindirizzare quelli negativi verso un orientamento più positivo. La visualizzazione di successi futuri e l'uso di affermazioni positive sono altre tecniche efficaci per rinforzare una mentalità positiva. Inoltre, circondarsi di persone positive e stimolanti può avere un effetto contagioso, aiutandoci a mantenere un atteggiamento ottimista.

Infine, una mentalità positiva ci rende più resilienti di fronte alle avversità. La vita è inevitabilmente piena di sfide, ma affrontarle con un atteggiamento positivo ci permette di mantenere la calma, trovare soluzioni creative e non perdere di vista i nostri obiettivi a lungo termine. La resilienza non è solo la capacità di recuperare dalle difficoltà, ma anche quella di crescere e prosperare nonostante esse. Adottare una mentalità positiva ci fornisce gli strumenti emotivi e cognitivi per navigare le tempeste della vita con maggiore efficacia e serenità.

In conclusione, la mentalità positiva è una forza potente che può trasformare la nostra esperienza quotidiana. Non si tratta solo di un'idea astratta, ma di una pratica concreta che possiamo sviluppare e rafforzare nel tempo. Attraverso la consapevolezza, la gratitudine e l'impegno costante, possiamo coltivare un atteggiamento positivo che ci aiuti a vivere in modo più pieno, felice e realizzato.

Riconoscere i Benefici della Psicologia Positiva sul Benessere Generale

La psicologia positiva offre un contributo fondamentale al benessere generale, promuovendo un approccio proattivo alla salute mentale e alla qualità della vita. I suoi benefici sono ampiamente documentati e si estendono a vari ambiti della vita quotidiana, dalle relazioni personali alla realizzazione professionale, dall'equilibrio emotivo alla salute fisica.

Uno dei principali vantaggi della psicologia positiva è il miglioramento delle emozioni e degli stati d'animo. Le pratiche di gratitudine, per esempio, sono state dimostrate efficaci nel potenziare le emozioni positive e ridurre quelle negative. Quando ci concentriamo sulle cose per cui siamo grati, il nostro cervello rilascia dopamina e serotonina, due neurotrasmettitori che migliorano l'umore e promuovono una sensazione di benessere. Questo non solo ci rende più felici, ma ci aiuta anche a gestire meglio lo stress e l'ansia, poiché le emozioni positive contrastano gli effetti negativi delle emozioni negative sul nostro corpo e sulla nostra mente.

La psicologia positiva ha un impatto significativo anche sulle relazioni interpersonali. Le persone che adottano un approccio positivo tendono a essere più empatiche, comprensive e collaborative. Questo rafforza le relazioni personali e professionali, creando un ambiente sociale più supportivo e armonioso. La qualità delle nostre relazioni ha un effetto diretto sul nostro benessere, poiché il supporto sociale è un fattore chiave per la resilienza e la salute mentale. Le tecniche di ascolto attivo e comunicazione positiva, tipiche della psicologia positiva, migliorano la qualità delle interazioni e riducono i conflitti, promuovendo una maggiore coesione sociale.

Sul piano professionale, la psicologia positiva favorisce la realizzazione e il successo. Gli individui che coltivano una mentalità positiva sono più motivati, creativi e resilienti. Questo si traduce in una maggiore capacità di affrontare le sfide lavorative, trovare soluzioni innovative e mantenere alti livelli di produttività. Le aziende che adottano programmi di benessere basati sulla psicologia positiva registrano non solo una maggiore soddisfazione dei dipendenti, ma anche un miglioramento delle performance aziendali. La leadership positiva, che enfatizza il riconoscimento dei successi, la promozione del benessere e la valorizzazione dei punti di forza dei dipendenti, crea un ambiente di lavoro più stimolante e gratificante.

Il benessere fisico è un altro ambito in cui la psicologia positiva mostra i suoi benefici. Numerosi studi hanno evidenziato come le emozioni positive e una mentalità ottimistica siano correlate a una migliore salute fisica. Le persone che praticano regolarmente la gratitudine, la meditazione e altre tecniche di psicologia positiva tendono ad avere una pressione sanguigna più bassa, un sistema immunitario più forte e una maggiore longevità. Inoltre, una mentalità positiva incoraggia comportamenti salutari come l'esercizio fisico, una dieta equilibrata e un sonno adeguato, che sono fondamentali per mantenere una buona salute fisica.

Infine, la psicologia positiva contribuisce a una maggiore autostima e senso di efficacia personale. L'enfasi sui punti di forza individuali e sulle capacità di crescita personale aiuta le persone a sviluppare una visione più positiva di sé stesse. Questo non solo migliora la fiducia in se stessi, ma favorisce anche una maggiore capacità di perseguire e raggiungere i propri obiettivi. Sentirsi competenti e capaci di influenzare positivamente la propria vita è essenziale per il benessere generale e la soddisfazione personale.

In conclusione, la psicologia positiva offre strumenti e strategie concreti per migliorare il benessere generale. Dai benefici emotivi e relazionali a quelli professionali e fisici, le pratiche di psicologia positiva promuovono una vita più equilibrata, soddisfacente e felice. Adottare un approccio positivo non significa ignorare le difficoltà, ma piuttosto affrontarle con una mentalità proattiva e resiliente, capace di trasformare le sfide in opportunità di crescita e miglioramento. Questo approccio olistico e scientificamente fondato rappresenta un potente alleato per chiunque desideri vivere una vita piena e significativa.

Esercizi Pratici per la Psicologia Positiva

La psicologia positiva offre una vasta gamma di esercizi pratici che possono essere facilmente integrati nella vita quotidiana per migliorare il benessere generale, la felicità e la resilienza. Di seguito sono riportati alcuni esercizi dettagliati che puoi iniziare a praticare subito.

1. Diario della Gratitudine

Il diario della gratitudine è un potente strumento per coltivare emozioni positive e aumentare il benessere. Ogni sera, prima di andare a letto, dedica qualche minuto a scrivere tre cose per cui sei grato. Queste possono essere grandi o piccole, da un incontro significativo con un amico a un semplice momento di pace. L'obiettivo è allenare la tua mente a riconoscere e apprezzare le cose positive della vita.

Istruzioni:

Prendi un quaderno o un diario dedicato esclusivamente alla gratitudine.

Ogni sera, scrivi tre cose per cui sei grato. Cerca di essere specifico.

Rifletti su ciascun elemento e su come ti ha fatto sentire.

Pratica questo esercizio per almeno 21 giorni consecutivi per creare un'abitudine.

2. Affermazioni Positive

Le affermazioni positive sono dichiarazioni potenti che possono aiutarti a riformulare i pensieri negativi e a costruire una mentalità più positiva. Ripetere affermazioni positive ogni giorno può migliorare la tua autostima e il tuo senso di efficacia personale.

Istruzioni:

Identifica alcune aree della tua vita in cui desideri migliorare o sentirti più sicuro.

Scrivi 3-5 affermazioni positive in prima persona e al presente. Ad esempio: "Sono capace di raggiungere i miei obiettivi" o "Merito di essere felice e amato".

Ripeti queste affermazioni ad alta voce ogni mattina e ogni sera.

Senti realmente il significato delle parole mentre le pronunci.

3. Meditazione Mindfulness

La meditazione mindfulness è una pratica che ti aiuta a vivere nel momento presente e a ridurre lo stress. Essere consapevoli dei propri pensieri e sentimenti senza giudicarli può migliorare significativamente il benessere mentale e la resilienza.

Istruzioni:

Trova un luogo tranquillo dove non sarai disturbato.

Siediti comodamente, chiudi gli occhi e concentra la tua attenzione sul respiro.

Inspira profondamente e lentamente attraverso il naso, espira attraverso la bocca.

Se la tua mente si distrae, gentilmente riporta l'attenzione al respiro.

Pratica per 5-10 minuti al giorno, aumentando gradualmente il tempo man mano che ti senti più a tuo agio.

4. Atti di Gentilezza

Gli atti di gentilezza non solo migliorano il benessere delle persone intorno a te, ma aumentano anche il tuo senso di felicità e connessione. Fare qualcosa di gentile per gli altri può creare un circolo virtuoso di positività.

Istruzioni:

Ogni giorno, pianifica di compiere almeno un atto di gentilezza, che sia per un amico, un familiare o un estraneo.

Può essere qualcosa di semplice come fare un complimento sincero, aiutare qualcuno con un compito o fare una donazione.

Rifletti su come questo atto ha influenzato la tua giornata e quella della persona che hai aiutato.

Annota le tue esperienze in un diario per osservare i cambiamenti nel tuo benessere nel tempo.

5. Visualizzazione del Successo

La visualizzazione è una tecnica che consiste nel creare immagini vivide nella tua mente di te stesso raggiungendo i tuoi obiettivi. Questo esercizio può aumentare la tua motivazione e prepararti mentalmente al successo.

Istruzioni:

Trova un luogo tranquillo dove puoi rilassarti senza distrazioni.

Chiudi gli occhi e immagina un obiettivo specifico che desideri raggiungere.

Visualizza te stesso mentre lo realizzi, includendo il maggior numero possibile di dettagli sensoriali: cosa vedi, senti, odori, e come ti senti emotivamente.

Mantieni questa immagine nella tua mente per 5-10 minuti, ripetendo l'esercizio quotidianamente.

Conclusione

Integrare questi esercizi nella tua routine quotidiana può avere un impatto significativo sul tuo benessere generale. Ogni esercizio mira a sviluppare una diversa area del benessere psicologico, dalla gratitudine alla resilienza, dalla gentilezza alla visualizzazione. Praticandoli regolarmente, non solo migliorerai la tua felicità e il tuo equilibrio emotivo, ma costruirai anche le fondamenta per una vita più piena e soddisfacente. La psicologia positiva non è solo una teoria, ma una pratica che può trasformare profondamente la tua esperienza quotidiana.

"Il segreto della felicità non è nel fare ciò che piace, ma nel piacere di ciò che si fa." - James M. Barrie

Capitolo 2

Comprendere lo Stress

Cos'è lo Stress e Come si Manifesta

Lo stress è una risposta naturale del nostro corpo a situazioni percepite come minacciose o difficili. Questa risposta può essere sia fisica che psicologica e si manifesta attraverso una serie di reazioni fisiologiche e comportamentali che preparano l'organismo ad affrontare la minaccia, un fenomeno noto come "risposta di attacco o fuga". Sebbene lo stress sia un meccanismo di sopravvivenza essenziale, nel mondo moderno può diventare cronico e dannoso se non gestito correttamente.

Quando affrontiamo una situazione stressante, il nostro corpo rilascia ormoni come l'adrenalina e il cortisolo. Questi ormoni aumentano la frequenza cardiaca, elevano la pressione sanguigna e preparano i muscoli all'azione. Questi cambiamenti fisici sono utili in situazioni di pericolo immediato, come una fuga da un predatore. Tuttavia, nel contesto della vita quotidiana, dove le minacce sono spesso di natura psicologica piuttosto che fisica, questi stessi meccanismi possono diventare problematici.

Le cause dello stress, note anche come stressori, possono variare ampiamente. Possono includere fattori esterni come problemi lavorativi, difficoltà finanziarie, relazioni conflittuali e cambiamenti importanti nella vita. Anche fattori interni, come l'autocritica, le aspettative irrealistiche e la paura del fallimento, possono essere potenti stressori. Il modo in cui percepiamo e rispondiamo a questi stressori è cruciale nel determinare l'impatto dello stress sulla nostra salute.

I sintomi dello stress possono essere suddivisi in tre categorie principali: fisici, emotivi e comportamentali. I sintomi fisici includono mal di testa, tensione muscolare, affaticamento, disturbi del sonno e problemi gastrointestinali. Lo stress cronico può anche indebolire il sistema immunitario, rendendo il corpo più suscettibile a malattie. Dal punto di vista emotivo, lo stress può causare ansia, irritabilità, depressione e una sensazione di sopraffazione. Questi sintomi emotivi possono, a loro volta, influenzare i comportamenti, portando a cambiamenti come il consumo eccessivo di cibo o alcol, l'isolamento sociale e l'abbandono delle attività che normalmente procurano piacere.

Lo stress non colpisce solo gli adulti; anche i bambini e gli adolescenti possono sperimentare livelli significativi di stress. Le cause di stress nei giovani possono includere pressioni scolastiche, problemi familiari, bullismo e preoccupazioni per il futuro. È essenziale riconoscere i segnali di stress nei giovani e fornire loro il supporto necessario per affrontare queste difficoltà.

Esistono anche diverse tipologie di stress. Lo stress acuto è una risposta immediata e temporanea a una situazione specifica, come una scadenza imminente o una discussione accesa. Anche se può essere intenso, tende a risolversi rapidamente una volta superata la situazione stressante. Lo stress episodico acuto si verifica quando una persona sperimenta frequentemente episodi di stress acuto. Questo tipo di stress può essere comune in persone che hanno uno stile di vita caotico o che tendono a preoccuparsi eccessivamente. Infine, lo stress cronico è una forma di stress persistente che dura per un periodo prolungato. Questo tipo di stress è particolarmente pericoloso per la salute a lungo termine, in quanto può portare a gravi problemi fisici e mentali.

Affrontare lo stress in modo efficace richiede una comprensione approfondita delle sue cause e delle sue manifestazioni. Strategie come la gestione del tempo, la pratica della mindfulness, l'attività fisica regolare e il mantenimento di un sistema di supporto sociale possono aiutare a mitigare gli effetti negativi dello stress. Inoltre, sviluppare abilità di coping e adottare un approccio proattivo nella gestione dello stress può fare una grande differenza nella qualità della vita.

In conclusione, lo stress è una parte inevitabile della vita, ma comprendere cos'è e come si manifesta può aiutarci a gestirlo in modo più efficace. Riconoscere i sintomi fisici, emotivi e comportamentali dello stress è il primo passo per affrontarlo. Con le giuste strategie e un approccio consapevole, è possibile ridurre gli effetti negativi dello stress e vivere una vita più equilibrata e serena.

Cause Comuni dello Stress nella Vita Moderna

Nella frenesia della vita moderna, lo stress è diventato un compagno quasi inevitabile. Le cause dello stress sono molteplici e possono derivare da vari aspetti della nostra quotidianità. Identificare e comprendere queste cause è fondamentale per sviluppare strategie efficaci di gestione dello stress e migliorare la qualità della vita.

Una delle principali fonti di stress nel mondo moderno è il lavoro. Le richieste lavorative elevate, le scadenze stringenti e la pressione per raggiungere obiettivi ambiziosi possono creare un ambiente altamente stressante. Inoltre, l'insicurezza lavorativa, la paura di perdere il proprio impiego e la mancanza di soddisfazione professionale possono contribuire significativamente allo stress. Lavorare in un ambiente tossico, con colleghi difficili o capi esigenti, può ulteriormente esacerbare la situazione, rendendo il luogo di lavoro una fonte di ansia e preoccupazione costante.

Un altro fattore di stress è rappresentato dalle finanze personali. La gestione del denaro, le preoccupazioni per il debito e la difficoltà di far quadrare il bilancio possono essere estremamente stressanti. La pressione finanziaria può influenzare non solo il benessere individuale, ma anche le relazioni familiari, creando tensioni e conflitti. Le preoccupazioni economiche, amplificate dalla percezione di incertezza economica globale, possono avere un impatto duraturo sulla salute mentale e fisica.

Le relazioni interpersonali, sebbene siano una fonte di supporto e comfort, possono anche essere una causa significativa di stress. I conflitti con partner, familiari, amici o colleghi possono generare emozioni negative e tensioni. Le responsabilità familiari, come prendersi cura dei figli o di parenti anziani, possono essere ulteriori fonti di stress. L'isolamento sociale e la mancanza di una rete di supporto possono peggiorare la situazione, rendendo più difficile affrontare le difficoltà quotidiane.

La tecnologia, sebbene porti innumerevoli benefici, è diventata una fonte moderna di stress. La costante connessione tramite smartphone, email e social media può creare un senso di sovraccarico informativo e una pressione per essere sempre disponibili. La dipendenza dalla tecnologia può anche interferire con il sonno e il riposo, aumentando ulteriormente i livelli di stress. Inoltre, il confronto costante con gli altri sui social media può alimentare sentimenti di inadeguatezza e insicurezza.

La salute fisica è un'altra area che può contribuire allo stress. Le malattie croniche, il dolore fisico e i problemi di salute mentale possono essere cause significative di preoccupazione e ansia. Anche la mancanza di attività fisica, una dieta non equilibrata e il sonno insufficiente possono peggiorare i livelli di stress. Prendersi cura della propria salute fisica è essenziale per mantenere un equilibrio mentale e affrontare le sfide quotidiane con maggiore resilienza.

L'equilibrio tra lavoro e vita privata è una sfida continua per molte persone. La difficoltà di bilanciare le responsabilità professionali con quelle personali può generare un senso di sopraffazione. La mancanza di tempo per sé stessi, per le attività ricreative e per il riposo può portare a un esaurimento emotivo e fisico. Imparare a stabilire dei limiti e a gestire il tempo in modo efficace è cruciale per ridurre lo stress e migliorare la qualità della vita.

Infine, le aspettative personali e sociali possono essere una fonte di stress. La pressione per conformarsi agli standard sociali di successo, bellezza e felicità può creare un senso di insoddisfazione e fallimento. Le aspettative irrealistiche su sé stessi e sugli altri possono generare ansia e frustrazione. È importante imparare a riconoscere e sfidare queste aspettative, concentrandosi su obiettivi realistici e raggiungibili.

In sintesi, le cause dello stress nella vita moderna sono molteplici e complesse. Dal lavoro alle finanze, dalle relazioni alla tecnologia, ognuno di questi fattori può contribuire allo stress quotidiano. Riconoscere e comprendere queste cause è il primo passo per affrontare lo stress in modo efficace. Adottare strategie di gestione dello stress, come la mindfulness, l'esercizio fisico e la costruzione di relazioni positive, può aiutare a migliorare il benessere generale e a vivere una vita più equilibrata e soddisfacente.

Effetti dello Stress a Breve e Lungo Termine

Lo stress è una risposta naturale del corpo a situazioni difficili o percepite come minacciose, ma quando diventa cronico può avere effetti deleteri sia a breve che a lungo termine. Capire questi effetti è fondamentale per gestire lo stress in modo efficace e prevenire danni duraturi alla salute fisica e mentale.

A breve termine, lo stress innesca una serie di reazioni fisiologiche nel corpo. Quando si affronta una situazione stressante, il sistema nervoso simpatico viene attivato, rilasciando ormoni come l'adrenalina e il cortisolo. Questi ormoni preparano il corpo per una risposta di "attacco o fuga", aumentando la frequenza cardiaca, elevando la pressione sanguigna e migliorando l'afflusso di sangue ai muscoli. Questo meccanismo è utile in situazioni di emergenza, poiché consente di reagire rapidamente. Tuttavia, può anche portare a sintomi fisici come sudorazione eccessiva, tremori, tensione muscolare e respirazione rapida. A livello psicologico, lo stress acuto può causare ansia, irritabilità, difficoltà di concentrazione e disturbi del sonno.

Sebbene gli effetti a breve termine dello stress possano essere intensi, tendono a risolversi una volta che la situazione stressante è stata affrontata o si è conclusa. Tuttavia, quando lo stress diventa cronico, i suoi effetti possono persistere e accumularsi, portando a una serie di problemi di salute a lungo termine. Uno dei principali rischi associati allo stress cronico è l'indebolimento del sistema immunitario. L'esposizione prolungata agli ormoni dello stress può ridurre la capacità del corpo di combattere infezioni e malattie, rendendo più frequenti raffreddori, influenza e altre malattie. Inoltre, lo stress cronico può contribuire allo sviluppo di malattie autoimmuni, in cui il sistema immunitario attacca erroneamente i tessuti sani del corpo.

Il cuore e il sistema cardiovascolare sono particolarmente vulnerabili agli effetti dello stress cronico. L'aumento costante della pressione sanguigna e della frequenza cardiaca può danneggiare i vasi sanguigni e aumentare il rischio di ipertensione, attacchi di cuore e ictus. Anche i livelli elevati di cortisolo possono contribuire all'accumulo di grasso addominale, che è associato a un maggiore rischio di malattie cardiache e diabete di tipo 2.

Dal punto di vista mentale ed emotivo, lo stress cronico può portare a problemi significativi come l'ansia, la depressione e il burnout. L'ansia persistente può interferire con la capacità di svolgere le normali attività quotidiane, mentre la depressione può causare una perdita di interesse per le attività che una volta erano piacevoli, sensazioni di tristezza profonda e disperazione. Il burnout, spesso associato a stress lavorativo prolungato, si manifesta con sintomi di esaurimento fisico ed emotivo, cinismo e ridotta efficacia professionale.

Lo stress cronico può anche avere effetti negativi sulle funzioni cognitive. L'esposizione prolungata al cortisolo può danneggiare l'ippocampo, una regione del cervello cruciale per la memoria e l'apprendimento. Di conseguenza, le persone sotto stress cronico possono sperimentare difficoltà di memoria, problemi di concentrazione e una ridotta capacità di prendere decisioni. Inoltre, lo stress può influenzare il sonno, portando a insonnia e altri disturbi del sonno che a loro volta peggiorano le capacità cognitive e aumentano l'affaticamento.

Le relazioni interpersonali possono essere gravemente compromesse dallo stress cronico. Le persone stressate tendono a essere più irritabili e meno tolleranti, il che può portare a conflitti e incomprensioni con partner, familiari e amici. La mancanza di tempo e di energia per coltivare relazioni positive può isolare ulteriormente l'individuo, aggravando la sensazione di stress e solitudine.

In conclusione, lo stress ha effetti profondi e variegati sia a breve che a lungo termine. Mentre gli effetti immediati possono essere gestibili, è la natura persistente dello stress cronico che rappresenta una seria minaccia per la salute fisica e mentale. Riconoscere questi effetti e adottare misure preventive e strategie di gestione dello stress è essenziale per mantenere un equilibrio sano e migliorare la qualità della vita. Vivere in modo consapevole, praticare tecniche di rilassamento e cercare supporto quando necessario sono passi fondamentali per affrontare lo stress in modo efficace.

Differenze tra Stress Positivo e Negativo

Lo stress è una risposta naturale del corpo a stimoli esterni, ma non tutto lo stress è uguale. Esistono infatti due forme principali di stress: eustress, o stress positivo, e distress, o stress negativo. Comprendere le differenze tra questi due tipi di stress è fondamentale per gestire efficacemente le pressioni della vita quotidiana e sfruttare il potenziale motivazionale dello stress positivo.

L'eustress, termine coniato dallo psicologo Hans Selye, rappresenta lo stress che ci motiva e ci energizza. È il tipo di stress che ci spinge a superare noi stessi e a raggiungere i nostri obiettivi. Quando affrontiamo una sfida che percepiamo come gestibile e stimolante, il corpo risponde rilasciando adrenalina e altri ormoni che aumentano la nostra attenzione e le nostre prestazioni. Esempi di eustress includono l'emozione prima di un evento sportivo, l'entusiasmo per un nuovo progetto lavorativo o la preparazione per un esame importante. Questo tipo di stress ci aiuta a crescere, migliorare le nostre capacità e sentirci realizzati. L'eustress è associato a sensazioni di soddisfazione e realizzazione, e può avere effetti benefici sulla salute mentale e fisica, come una maggiore motivazione, una migliore concentrazione e una resilienza rafforzata.

D'altro canto, il distress è il tipo di stress che percepiamo come dannoso e travolgente. Si verifica quando affrontiamo situazioni che percepiamo come minacciose o oltre le nostre capacità di gestione. Il distress può derivare da problemi lavorativi insormontabili, difficoltà finanziarie, conflitti relazionali o malattie. A differenza dell'eustress, il distress ha un impatto negativo sulla salute e sul benessere. Può portare a sintomi fisici come mal di testa, tensione muscolare, problemi gastrointestinali e disturbi del sonno. A livello emotivo, il distress può causare ansia, irritabilità, depressione e un senso di sopraffazione. Prolungato nel tempo, il distress può contribuire allo sviluppo di malattie croniche come l'ipertensione, le malattie cardiache e i disturbi mentali.

La chiave per distinguere tra eustress e distress risiede nella nostra percezione della situazione e nella nostra capacità di affrontarla. L'eustress si verifica quando percepiamo una sfida come un'opportunità di crescita e crediamo di avere le risorse necessarie per affrontarla. Questo tipo di stress è spesso accompagnato da un senso di controllo e competenza. Al contrario, il distress si manifesta quando percepiamo una situazione come una minaccia o un ostacolo insormontabile, e sentiamo di non avere il controllo o le risorse per gestirla. Questo porta a un senso di impotenza e disperazione.

Un altro aspetto importante da considerare è la durata dello stress. L'eustress è tipicamente di breve durata e si risolve una volta raggiunto l'obiettivo o superata la sfida. È il tipo di stress che ci dà una spinta temporanea e poi si dissolve. Il distress, invece, tende a essere cronico e persistente. Le situazioni che causano distress spesso non hanno una soluzione rapida o chiara, e il prolungarsi di queste situazioni stressanti può portare a un accumulo di effetti negativi sulla salute.

Gestire lo stress in modo efficace significa trovare un equilibrio tra eustress e distress. È importante riconoscere le situazioni che ci causano eustress e cercare di crearne di nuove, poiché questo tipo di stress può essere un potente motivatore e migliorare la nostra qualità della vita. Allo stesso tempo, dobbiamo essere consapevoli dei segnali di distress e adottare strategie per ridurre il suo impatto. Tecniche come la mindfulness, l'esercizio fisico regolare, il mantenimento di relazioni positive e il tempo dedicato al riposo e al relax possono aiutare a trasformare il distress in eustress o a ridurne gli effetti negativi.

In conclusione, mentre lo stress è inevitabile nella vita moderna, comprendere la differenza tra eustress e distress ci permette di gestirlo in modo più efficace. Il riconoscimento e la valorizzazione dell'eustress possono aiutarci a sfruttare il potenziale positivo dello stress per migliorare le nostre prestazioni e la nostra soddisfazione personale. Allo stesso tempo, la gestione proattiva del distress è essenziale per proteggere la nostra salute e il nostro benessere a lungo termine.

Importanza della Gestione dello Stress per la Salute Mentale e Fisica

La gestione dello stress è cruciale per mantenere sia la salute mentale che quella fisica. Vivere con alti livelli di stress non gestito può avere effetti profondamente negativi su ogni aspetto della nostra vita, dalle funzioni cognitive alla resilienza emotiva, dalla pressione sanguigna alla funzione immunitaria. Per questo motivo, sviluppare strategie efficaci per affrontare lo stress è essenziale per il benessere complessivo.

Innanzitutto, lo stress cronico può compromettere seriamente la salute mentale. Esso può contribuire allo sviluppo di disturbi d'ansia e depressione, che a loro volta possono interferire con la capacità di funzionare quotidianamente e ridurre la qualità della vita. Le persone sotto stress cronico spesso sperimentano difficoltà di concentrazione, memoria e capacità decisionale. Questo perché lo stress prolungato può alterare la struttura e la funzione del cervello, in particolare l'ippocampo, che è responsabile della memoria e dell'apprendimento, e la corteccia prefrontale, che gestisce le decisioni e il controllo degli impulsi.

Oltre agli effetti sulla salute mentale, lo stress cronico può avere un impatto devastante sul corpo. Una delle reazioni più immediate e pericolose allo stress è l'aumento della pressione sanguigna, che, se persistente, può portare a ipertensione cronica, aumentando il rischio di malattie cardiache e ictus. L'esposizione prolungata agli ormoni dello stress, come il cortisolo, può indebolire il sistema immunitario, rendendo il corpo più vulnerabile a infezioni e malattie. Inoltre, lo stress cronico è stato collegato a una serie di problemi gastrointestinali, tra cui la sindrome dell'intestino irritabile, ulcere gastriche e altre condizioni digestive.

Gestire lo stress in modo efficace è quindi fondamentale per prevenire questi effetti negativi e mantenere una buona salute fisica. Le tecniche di gestione dello stress, come la meditazione mindfulness, la respirazione profonda e il rilassamento muscolare progressivo, possono aiutare a ridurre i livelli di cortisolo e promuovere uno stato di calma e rilassamento. La meditazione mindfulness, in particolare, è stata dimostrata essere efficace nel ridurre l'ansia e migliorare il benessere emotivo, aiutando le persone a diventare più consapevoli dei propri pensieri e a reagire in modo meno impulsivo agli stressori quotidiani.

L'esercizio fisico è un altro strumento potente per la gestione dello stress. L'attività fisica regolare non solo migliora la salute fisica, ma ha anche effetti benefici sulla salute mentale. L'esercizio rilascia endorfine, i cosiddetti "ormoni della felicità", che possono migliorare l'umore e ridurre i sintomi di depressione e ansia. Inoltre, l'esercizio fisico può migliorare il sonno, che è spesso compromesso dallo stress, contribuendo ulteriormente al benessere generale.

La gestione dello stress è anche essenziale per mantenere relazioni sane e soddisfacenti. Lo stress cronico può influire negativamente sulle relazioni interpersonali, causando irritabilità, conflitti e isolamento sociale. Imparare a gestire lo stress in modo efficace può migliorare la comunicazione, aumentare la pazienza e la comprensione, e rafforzare i legami con familiari e amici. Le relazioni positive e di supporto sono a loro volta un fattore protettivo contro lo stress, creando un circolo virtuoso di benessere.

Infine, prendersi cura della propria salute mentale attraverso la gestione dello stress è essenziale per il raggiungimento degli obiettivi personali e professionali. Quando siamo stressati, la nostra capacità di concentrarci e di essere produttivi è compromessa. Riducendo i livelli di stress, possiamo migliorare le nostre prestazioni lavorative, aumentare la nostra creatività e motivazione, e sentirci più soddisfatti e realizzati.

In sintesi, la gestione dello stress è una componente fondamentale del benessere complessivo. I suoi benefici si estendono dalla salute mentale a quella fisica, dalle relazioni interpersonali alla realizzazione personale. Adottare tecniche di gestione dello stress e integrarle nella routine quotidiana può fare una grande differenza nella qualità della vita, permettendo di affrontare le sfide con maggiore resilienza e serenità. Vivere in modo consapevole e adottare uno stile di vita equilibrato sono passi essenziali per mantenere il benessere a lungo termine.

Esercizi Pratici per la Gestione dello Stress

Mettere in pratica ciò che abbiamo appreso sulla gestione dello stress è essenziale per migliorare la nostra salute mentale e fisica. Di seguito sono riportati alcuni esercizi pratici che possono aiutarti a gestire lo stress in modo efficace e sostenibile.

Esercizio 1: Diario dello Stress

Tenere un diario dello stress può aiutarti a identificare le cause principali del tuo stress e le tue reazioni ad esso. Questo esercizio ti permette di diventare più consapevole dei tuoi trigger e di trovare modi per gestirli meglio.

Istruzioni:

Procurati un quaderno dedicato esclusivamente al tuo diario dello stress.

Ogni giorno, dedica 10-15 minuti alla scrittura. Annota le situazioni che ti hanno causato stress, le tue reazioni fisiche ed emotive, e come hai affrontato queste situazioni.

Riflettendo su ciò che hai scritto, cerca di identificare schemi ricorrenti nei tuoi trigger di stress e nelle tue risposte.

Sperimenta diverse strategie di gestione dello stress e annota quali funzionano meglio per te.

Esercizio 2: Tecniche di Respirazione

La respirazione profonda è una tecnica efficace per ridurre lo stress e promuovere uno stato di calma. Questo esercizio ti aiuterà a incorporare la respirazione consapevole nella tua routine quotidiana.

Istruzioni:

Trova un luogo tranquillo dove puoi sederti comodamente.

Chiudi gli occhi e inizia a respirare lentamente e profondamente attraverso il naso, contando fino a quattro mentre inspiri.

Trattieni il respiro per un conteggio di quattro, poi espira lentamente attraverso la bocca contando fino a sei.

Ripeti questo ciclo di respirazione per 5-10 minuti, concentrandoti solo sul ritmo del respiro e lasciando andare eventuali pensieri distraenti.

Esercizio 3: Rilassamento Muscolare Progressivo

Il rilassamento muscolare progressivo (PMR) è una tecnica che può aiutarti a ridurre la tensione muscolare e lo stress.

Istruzioni:

Sdraiati in un luogo tranquillo e confortevole, chiudi gli occhi e fai alcuni respiri profondi.

Inizia con i piedi: contrai i muscoli dei piedi il più possibile per 5 secondi, poi rilasciali completamente.

Spostati ai polpacci, alle cosce, e continua a salire lungo il corpo, contraendo e poi rilassando ogni gruppo muscolare per 5 secondi.

Fai attenzione a notare la differenza tra tensione e rilassamento in ogni gruppo muscolare.

Completa l'esercizio facendo alcuni respiri profondi e godendoti la sensazione di rilassamento generale.

Esercizio 4: Visualizzazione Positiva

La visualizzazione è una tecnica che può aiutarti a ridurre lo stress immaginando situazioni calmanti e positive.

Istruzioni:

Trova un posto tranquillo dove puoi sederti o sdraiarti comodamente.

Chiudi gli occhi e inizia a respirare lentamente e profondamente.

Immagina un luogo dove ti senti completamente rilassato e felice, come una spiaggia tranquilla o un giardino fiorito.

Visualizza i dettagli di questo luogo: i colori, i suoni, gli odori e le sensazioni fisiche.

Trascorri 5-10 minuti immerso in questa immagine, lasciando che la calma e la tranquillità riempiano la tua mente e il tuo corpo.

Esercizio 5: Creazione di una Routine di Gestione dello Stress

Avere una routine regolare può aiutarti a gestire lo stress in modo più efficace.

Istruzioni:

Identifica almeno tre attività che ti aiutano a rilassarti e ridurre lo stress, come fare una passeggiata, leggere un libro, o praticare yoga.

Pianifica queste attività nel tuo programma settimanale, riservando del tempo specifico per ciascuna.

Assicurati di rispettare questi momenti di auto-cura come faresti con qualsiasi altro impegno importante.

Valuta regolarmente la tua routine per vedere se ci sono attività che potrebbero essere aggiunte o modificate per migliorare ulteriormente il tuo benessere.

Conclusione

Questi esercizi pratici ti aiuteranno a mettere in pratica le tecniche di gestione dello stress apprese in questo capitolo. Ricorda che la chiave è la consistenza; incorporare queste pratiche nella tua routine quotidiana ti permetterà di gestire lo stress in modo più efficace e di migliorare il tuo benessere generale. Con il tempo e l'impegno, scoprirai che puoi affrontare le sfide della vita con maggiore calma e resilienza.

"Non possiamo cambiare il vento, ma possiamo aggiustare le vele." - Anonimo

Capitolo 3

Tecniche di Gestione dello Stress

Introduzione alle Tecniche di Rilassamento

Le tecniche di rilassamento sono strumenti potenti e accessibili che possono aiutare a ridurre lo stress, migliorare il benessere mentale e fisico e promuovere uno stato di calma e equilibrio. Nel mondo frenetico di oggi, imparare a rilassarsi è diventato più che mai una necessità. Queste tecniche, radicate sia nella scienza moderna che nelle tradizioni antiche, offrono metodi pratici per gestire lo stress quotidiano e migliorare la qualità della vita.

Il rilassamento non è solo un lusso, ma una parte essenziale di una vita sana. Quando siamo stressati, il nostro corpo entra in modalità di "attacco o fuga", rilasciando ormoni come l'adrenalina e il cortisolo. Questi ormoni preparano il corpo a rispondere alle minacce, ma se lo stress diventa cronico, possono avere effetti negativi sulla salute. Le tecniche di rilassamento aiutano a invertire questa risposta, attivando il sistema nervoso parasimpatico, che promuove uno stato di riposo e digestione, riducendo i livelli di stress e migliorando il benessere generale.

Una delle tecniche di rilassamento più conosciute è la respirazione profonda. Questa tecnica è semplice ma estremamente efficace. La respirazione profonda aiuta a rallentare la frequenza cardiaca, abbassare la pressione sanguigna e migliorare l'apporto di ossigeno al cervello, favorendo una sensazione di calma e chiarezza mentale. Per praticare la respirazione profonda, trova un posto tranquillo dove sederti comodamente. Chiudi gli occhi, inspira lentamente e profondamente attraverso il naso, espandendo l'addome. Trattieni il respiro per qualche secondo, poi espira lentamente attraverso la bocca, svuotando completamente i polmoni. Ripeti questo ciclo per alcuni minuti, concentrandoti solo sul respiro.

Un'altra tecnica efficace è il rilassamento muscolare progressivo, sviluppato da Edmund Jacobson negli anni '20. Questa tecnica coinvolge la tensione e il rilassamento sequenziale dei principali gruppi muscolari del corpo. Inizia con i piedi e le gambe, contrai i muscoli per alcuni secondi, poi rilasciali. Procedi con i muscoli del torso, delle braccia, delle mani, del collo e infine del viso. Il rilassamento muscolare progressivo non solo aiuta a ridurre la tensione fisica, ma aumenta anche la consapevolezza delle sensazioni corporee, favorendo una connessione più profonda tra mente e corpo.

La meditazione è un'altra pratica potente che può aiutare a ridurre lo stress e promuovere il rilassamento. Esistono molte forme di meditazione, ma tutte condividono l'obiettivo di focalizzare la mente e ridurre i pensieri distrattivi. La meditazione mindfulness, in particolare, ha guadagnato popolarità per la sua efficacia nella gestione dello stress. Durante una sessione di mindfulness, siediti comodamente, chiudi gli occhi e concentra l'attenzione sul respiro. Quando la mente vagabonda, gentilmente riporta l'attenzione al respiro senza giudizio. Con la pratica regolare, la meditazione può migliorare la consapevolezza, ridurre l'ansia e migliorare la capacità di affrontare le sfide della vita quotidiana.

Lo yoga è un'altra tecnica di rilassamento che combina movimenti fisici, respirazione e meditazione. Le posture di yoga, o asana, aiutano a rilasciare la tensione muscolare e migliorare la flessibilità, mentre le tecniche di respirazione, o pranayama, calmano la mente. La pratica regolare dello yoga può migliorare la postura, aumentare la forza e la resistenza, e promuovere un senso di equilibrio e tranquillità.

Anche l'aromaterapia può essere un metodo efficace per rilassarsi. Gli oli essenziali, estratti da piante aromatiche, possono influenzare positivamente l'umore e ridurre lo stress. Oli come la lavanda, la camomilla e il bergamotto sono noti per le loro proprietà calmanti. L'aromaterapia può essere praticata attraverso diffusori, bagni rilassanti o massaggi, offrendo un'esperienza sensoriale che promuove il rilassamento e il benessere.

Infine, la musica può essere un potente strumento di rilassamento. Ascoltare musica rilassante può abbassare i livelli di stress e migliorare l'umore. La musicoterapia, che utilizza la musica per promuovere la salute e il benessere, è stata dimostrata efficace nel ridurre l'ansia e migliorare la qualità della vita in varie popolazioni.

In conclusione, le tecniche di rilassamento sono strumenti versatili e accessibili che possono avere un impatto significativo sulla nostra capacità di gestire lo stress e migliorare la qualità della vita. Integrando queste pratiche nella routine quotidiana, è possibile creare uno stato di equilibrio e benessere che supporta la salute mentale e fisica a lungo termine.

Benefici della Meditazione e della Mindfulness

La meditazione e la mindfulness sono pratiche che hanno radici profonde nelle tradizioni spirituali orientali, ma che negli ultimi decenni hanno guadagnato un vasto consenso anche nel mondo occidentale grazie ai loro comprovati benefici sulla salute mentale e fisica. Queste pratiche offrono un rifugio sicuro dallo stress della vita quotidiana, aiutando le persone a coltivare una mente più calma, consapevole e resiliente.

La meditazione, in generale, implica la focalizzazione della mente e il raggiungimento di uno stato di attenzione piena e presenza mentale. Ci sono molte forme di meditazione, tra cui la meditazione concentrativa, che prevede la focalizzazione su un singolo punto come la respirazione o un mantra, e la meditazione di consapevolezza, nota anche come mindfulness, che comporta l'osservazione non giudicante dei pensieri, delle emozioni e delle sensazioni corporee mentre emergono e passano.

Uno dei principali benefici della meditazione è la riduzione dello stress. Numerosi studi hanno dimostrato che la meditazione può abbassare i livelli di cortisolo, l'ormone dello stress, nel corpo. Quando pratichiamo la meditazione, il nostro sistema nervoso parasimpatico, responsabile del rilassamento e della riparazione, viene attivato. Questo aiuta a contrapporsi agli effetti dannosi dello stress cronico, migliorando il funzionamento del sistema immunitario, abbassando la pressione sanguigna e riducendo la tensione muscolare.

Oltre alla riduzione dello stress, la meditazione e la mindfulness migliorano la salute mentale in molti altri modi. Queste pratiche aumentano la consapevolezza dei propri pensieri e sentimenti, aiutando a identificare e interrompere i cicli di pensieri negativi che possono portare a condizioni come l'ansia e la depressione. La mindfulness, in particolare, insegna a osservare i pensieri senza attaccarsi ad essi o giudicarli, il che può ridurre la ruminazione e aumentare il benessere emotivo. Le persone che praticano regolarmente la mindfulness riportano livelli più bassi di ansia e depressione e una maggiore capacità di gestire le emozioni difficili.

La meditazione e la mindfulness migliorano anche la concentrazione e la chiarezza mentale. Vivere in un mondo pieno di distrazioni può rendere difficile mantenere la concentrazione su un compito. La pratica della meditazione allena la mente a focalizzarsi e a tornare all'oggetto di attenzione scelto, che si tratti del respiro, di un mantra o di una sensazione fisica. Questo allenamento mentale può migliorare la capacità di concentrazione e la produttività, sia nel contesto lavorativo che nella vita personale.

Un altro significativo beneficio della meditazione e della mindfulness è l'aumento della resilienza. Queste pratiche aiutano le persone a sviluppare una maggiore tolleranza allo stress e una capacità di recupero più rapida dalle avversità. La mindfulness, in particolare, promuove un atteggiamento di accettazione verso l'esperienza presente, anche quando è difficile o dolorosa. Questo atteggiamento può ridurre la reattività emotiva e migliorare la capacità di affrontare situazioni stressanti in modo calmo e equilibrato.

La meditazione e la mindfulness hanno anche effetti positivi sulle relazioni interpersonali. La pratica regolare di queste tecniche aumenta l'empatia e la capacità di ascolto attivo, migliorando la qualità delle interazioni sociali. Le persone che meditano regolarmente tendono a essere più consapevoli delle proprie emozioni e di quelle degli altri, il che può portare a relazioni più armoniose e soddisfacenti.

Infine, la meditazione e la mindfulness promuovono una maggiore consapevolezza corporea. Molte tecniche di meditazione includono un focus sulle sensazioni fisiche, che può aiutare a identificare e rilasciare la tensione accumulata nel corpo. Questa consapevolezza corporea può migliorare la postura, ridurre il dolore cronico e promuovere una maggiore sensazione di benessere fisico.

In sintesi, la meditazione e la mindfulness offrono una vasta gamma di benefici che migliorano la salute mentale, fisica ed emotiva. Riducendo lo stress, migliorando la concentrazione, aumentando la resilienza e rafforzando le relazioni interpersonali, queste pratiche ci aiutano a vivere una vita più equilibrata e soddisfacente. Incorporare la meditazione e la mindfulness nella routine quotidiana è un investimento prezioso per il benessere a lungo termine.

Tecniche di Respirazione e il loro Impatto sul Sistema Nervoso

Le tecniche di respirazione sono strumenti semplici ma potenti per gestire lo stress e migliorare il benessere generale. Queste tecniche non solo influenzano il nostro stato mentale, ma hanno anche un impatto diretto sul sistema nervoso. Comprendere come la respirazione interagisce con il corpo può aiutarci a sfruttare al meglio queste pratiche per promuovere la calma e l'equilibrio.

Il sistema nervoso autonomo, che controlla le funzioni involontarie del corpo come la respirazione, il battito cardiaco e la digestione, è diviso in due rami principali: il sistema nervoso simpatico e il sistema nervoso parasimpatico. Il sistema nervoso simpatico è responsabile della risposta "attacco o fuga", attivata in situazioni di stress o pericolo. Questa risposta aumenta la frequenza cardiaca, la pressione sanguigna e la produzione di adrenalina, preparandoci ad affrontare la minaccia. D'altra parte, il sistema nervoso parasimpatico è responsabile della risposta "riposo e digestione", che promuove il rilassamento e il recupero.

Le tecniche di respirazione possono modulare l'attività di questi due sistemi, favorendo uno stato di calma e riducendo lo stress. La respirazione diaframmatica, o respirazione profonda, è una delle tecniche più efficaci per attivare il sistema nervoso parasimpatico. Quando respiriamo profondamente, coinvolgendo il diaframma piuttosto che il torace, il nostro corpo riceve un segnale che è sicuro rilassarsi. Questo tipo di respirazione rallenta il battito cardiaco, abbassa la pressione sanguigna e riduce i livelli di cortisolo, l'ormone dello stress.

Un'altra tecnica di respirazione efficace è la respirazione a narici alternate, nota anche come Nadi Shodhana nel contesto dello yoga. Questa pratica prevede l'alternanza della respirazione tra le due narici, il che si ritiene possa bilanciare i due emisferi del cervello e armonizzare il sistema nervoso. Seduti in posizione comoda, chiudiamo la narice destra con il pollice destro e inspiriamo profondamente attraverso la narice sinistra. Poi chiudiamo la narice sinistra con l'anulare destro, rilasciamo il pollice dalla narice destra ed espiriamo completamente. Ripetiamo il processo, alternando le narici per alcuni minuti. Questa tecnica può ridurre l'ansia, migliorare la concentrazione e favorire uno stato di calma.

La tecnica di respirazione 4-7-8, sviluppata dal Dr. Andrew Weil, è un'altra pratica utile per ridurre lo stress e favorire il rilassamento. Questa tecnica coinvolge un ritmo di respirazione specifico: inspirare attraverso il naso per un conteggio di quattro, trattenere il respiro per un conteggio di sette e poi espirare completamente attraverso la bocca per un conteggio di otto. Ripetere questo ciclo per quattro volte può calmare la mente e il corpo, aiutando a prepararsi per il sonno o a gestire situazioni stressanti.

La respirazione coerente, o respirazione a ritmo lento, è una tecnica che coinvolge la regolazione del ritmo respiratorio per sincronizzarlo con il ritmo naturale del cuore. Respirando lentamente e profondamente, circa cinque secondi per inspirazione e cinque secondi per espirazione, si può raggiungere uno stato di coerenza cardiaca. Questo stato è associato a una maggiore armonia tra il sistema nervoso simpatico e parasimpatico, migliorando la variabilità della frequenza cardiaca, che è un indicatore di buona salute e resilienza allo stress.

Le tecniche di respirazione non solo calmano il sistema nervoso, ma hanno anche effetti benefici sulla salute mentale ed emotiva. La pratica regolare della respirazione consapevole può migliorare la consapevolezza, ridurre l'ansia e la depressione, e aumentare il senso di benessere generale. Inoltre, queste tecniche sono facilmente accessibili e possono essere praticate ovunque e in qualsiasi momento, rendendole strumenti preziosi per la gestione dello stress quotidiano.

In sintesi, le tecniche di respirazione offrono un metodo efficace per modulare il sistema nervoso e promuovere uno stato di calma e benessere. Integrando queste pratiche nella routine quotidiana, possiamo migliorare la nostra capacità di affrontare lo stress e vivere una vita più equilibrata e serena. Le tecniche di respirazione non solo migliorano la salute fisica, ma anche quella mentale, offrendo un approccio olistico alla gestione dello stress.

Attività Fisica come Strumento di Gestione dello Stress

L'attività fisica è uno degli strumenti più efficaci e accessibili per la gestione dello stress. Integrare l'esercizio nella propria routine quotidiana non solo migliora la salute fisica, ma ha anche effetti profondamente benefici sulla salute mentale e sul benessere emotivo. Comprendere come l'attività fisica aiuta a ridurre lo stress può motivare a muoversi di più e a vivere una vita più equilibrata.

Quando si fa attività fisica, il corpo rilascia endorfine, spesso chiamate "ormoni della felicità". Questi neurotrasmettitori agiscono come analgesici naturali, riducendo la percezione del dolore e provocando una sensazione di euforia. Questo effetto è particolarmente evidente dopo esercizi aerobici come la corsa, il nuoto o il ciclismo. L'aumento dei livelli di endorfine può migliorare l'umore, alleviare l'ansia e ridurre i sintomi di depressione, rendendo l'esercizio una potente medicina naturale contro lo stress.

L'attività fisica regolare migliora anche il sonno, un elemento cruciale per la gestione dello stress. Lo stress e l'ansia possono interferire con il sonno, creando un ciclo negativo in cui la mancanza di sonno aumenta i livelli di stress e viceversa. L'esercizio aiuta a rompere questo ciclo, facilitando l'addormentamento e migliorando la qualità del sonno. Un sonno riposante permette al corpo di recuperare e alla mente di elaborare le emozioni, migliorando la capacità di affrontare lo stress quotidiano.

Inoltre, l'attività fisica può fungere da distrazione efficace dai problemi e dalle preoccupazioni che causano stress. Concentrarsi su un'attività fisica richiede attenzione e può aiutare a staccare la mente dalle preoccupazioni. Che si tratti di seguire una lezione di yoga, fare una passeggiata nella natura o impegnarsi in uno sport di squadra, l'esercizio permette di allontanarsi mentalmente dalle fonti di stress, offrendo una pausa ristoratrice.

L'attività fisica contribuisce anche a migliorare la fiducia in se stessi e l'autostima. Raggiungere obiettivi di fitness, che siano piccoli traguardi come completare una corsa di 5 km o più ambiziosi come partecipare a una maratona, aumenta il senso di realizzazione personale. Questo può tradursi in una maggiore sicurezza e resilienza nella gestione delle sfide della vita quotidiana. Sentirsi forti e in forma fisicamente si riflette spesso in una maggiore capacità di affrontare lo stress emotivo e mentale.

Un altro aspetto importante è il ruolo dell'attività fisica nelle relazioni sociali. Partecipare a sport di squadra o a gruppi di fitness può rafforzare i legami sociali e fornire un supporto emotivo. Le interazioni sociali positive sono fondamentali per la gestione dello stress, poiché offrono un senso di appartenenza e sostegno. Che si tratti di una partita di calcio amatoriale, di una lezione di danza o di una camminata in compagnia, condividere l'esperienza dell'esercizio fisico con gli altri può aumentare il piacere e i benefici dell'attività stessa.

Incorporare l'esercizio fisico nella routine quotidiana non richiede necessariamente una grande quantità di tempo o attrezzature costose. Anche brevi periodi di attività fisica, come una passeggiata di 30 minuti durante la pausa pranzo o una sessione di stretching al mattino, possono fare una differenza significativa. La chiave è trovare un'attività che si gode e che si può praticare regolarmente. L'adesione a un regime di esercizio sostenibile è più probabile se l'attività è piacevole e si adatta al proprio stile di vita.

Infine, è importante ricordare che l'attività fisica non deve essere vista come un obbligo, ma come un'opportunità di migliorare il benessere generale. Spesso, iniziare è la parte più difficile, ma una volta che si sperimentano i benefici fisici e mentali dell'esercizio, diventa più facile mantenere la motivazione. La gratificazione immediata e a lungo termine che deriva dall'attività fisica può diventare un potente incentivo per continuare a muoversi e a prendersi cura di sé stessi.

In conclusione, l'attività fisica è uno strumento essenziale per la gestione dello stress, con benefici che si estendono dalla mente al corpo. Migliora l'umore, favorisce il sonno, distrae dalle preoccupazioni, aumenta la fiducia in sé stessi e rafforza le relazioni sociali. Integrare l'esercizio nella vita quotidiana è un passo fondamentale verso un benessere equilibrato e sostenibile, aiutando a costruire una resilienza che permette di affrontare le sfide con maggiore serenità e forza.

Importanza del Tempo Libero e del Divertimento nella Riduzione dello Stress

Il tempo libero e il divertimento giocano un ruolo cruciale nella gestione dello stress e nel mantenimento di un equilibrio sano tra vita lavorativa e personale. In un mondo sempre più frenetico e orientato alla produttività, è facile dimenticare l'importanza di dedicare tempo alle attività che ci fanno sentire felici e rilassati. Tuttavia, investire nel tempo libero e nel divertimento non è solo un lusso, ma una necessità per il benessere complessivo.

Il tempo libero offre una pausa necessaria dalle pressioni e dalle responsabilità quotidiane. Quando ci immergiamo in attività che ci piacciono, possiamo distaccarci dai nostri stressori e dare alla nostra mente e al nostro corpo l'opportunità di ricaricarsi. Questo distacco temporaneo non solo allevia la tensione immediata, ma può anche migliorare la nostra capacità di affrontare lo stress in modo più efficace quando torniamo alle nostre responsabilità.

Le attività ricreative possono variare ampiamente, dal praticare hobby come la pittura o il giardinaggio, al partecipare a sport, leggere un buon libro o semplicemente trascorrere del tempo nella natura. Qualunque sia l'attività scelta, l'importante è che essa procuri piacere e soddisfazione. Queste esperienze positive stimolano il rilascio di endorfine e altri neurotrasmettitori benefici, che migliorano l'umore e promuovono una sensazione di benessere generale.

Il divertimento e il tempo libero hanno anche un impatto significativo sulle relazioni interpersonali. Partecipare ad attività ricreative con amici e familiari rafforza i legami sociali, creando ricordi positivi e condivisi che possono fornire supporto emotivo nei momenti difficili. Le interazioni sociali positive sono un antidoto potente contro lo stress, poiché offrono un senso di appartenenza e connessione. Quando ci sentiamo supportati e compresi, siamo più resilienti di fronte alle sfide.

Un altro aspetto importante del tempo libero è il suo effetto sulla creatività e sulla capacità di problem solving. Prendere una pausa dalle attività lavorative e immergersi in esperienze diverse può stimolare il pensiero creativo e fornire nuove prospettive sui problemi. Spesso, le soluzioni ai problemi complessi emergono quando la mente è rilassata e libera da pressioni immediate. Pertanto, dedicare tempo al divertimento non è solo rilassante, ma può anche essere incredibilmente produttivo a lungo termine.

La gestione del tempo libero richiede una pianificazione consapevole, soprattutto in una società che valorizza l'efficienza e la produttività. È essenziale riconoscere che il tempo dedicato al riposo e al divertimento non è tempo perso, ma un investimento nella propria salute e felicità. Stabilire limiti chiari tra il lavoro e il tempo personale può aiutare a garantire che il tempo libero venga rispettato e non sacrificato alle pressioni quotidiane.

Inoltre, è importante scegliere attività che si allineano con i propri interessi e passioni. Forzarsi a partecipare a attività che non piacciono può essere controproducente e aumentare lo stress invece di ridurlo. Scoprire cosa veramente ci rilassa e ci diverte richiede una certa dose di autoesplorazione e sperimentazione. Una volta identificate queste attività, possiamo fare uno sforzo consapevole per integrarle regolarmente nella nostra routine.

Il divertimento e il tempo libero non devono essere riservati solo ai fine settimana o alle vacanze. Anche brevi momenti di piacere e relax durante la giornata possono fare una grande differenza. Prendere una pausa per fare una passeggiata, ascoltare musica, o semplicemente respirare profondamente per qualche minuto può rompere il ciclo dello stress e migliorare la qualità della giornata.

In sintesi, il tempo libero e il divertimento sono componenti essenziali per una vita equilibrata e per la gestione dello stress. Dedicare tempo alle attività che ci rendono felici e rilassati non solo migliora il nostro benessere mentale e fisico, ma ci rende anche più resilienti, creativi e capaci di affrontare le sfide quotidiane. Integrare consapevolmente il divertimento nella nostra vita quotidiana è una strategia potente per promuovere la salute e la felicità a lungo termine.

Esercizi Pratici per la Gestione dello Stress

Per mettere in pratica ciò che abbiamo appreso sulle tecniche di rilassamento, meditazione, respirazione, attività fisica e l'importanza del tempo libero e del divertimento, ecco alcuni esercizi pratici che possono essere facilmente integrati nella tua routine quotidiana.

Esercizio 1: Routine di Rilassamento Quotidiana

Creare una routine di rilassamento quotidiana può aiutarti a mantenere livelli di stress più bassi e promuovere un senso di calma costante.

Istruzioni:

Scegli un momento della giornata: Identifica un momento specifico, preferibilmente alla sera prima di andare a letto, per dedicare 15-20 minuti al rilassamento.

Ambiente rilassante: Trova un posto tranquillo dove non sarai disturbato. Accendi una candela profumata o usa un diffusore di oli essenziali con lavanda o camomilla per creare un'atmosfera rilassante.

Rilassamento progressivo: Inizia con il rilassamento muscolare progressivo. Sdraiati comodamente, chiudi gli occhi e contrai e rilassa i muscoli, partendo dai piedi e risalendo fino alla testa.

Respirazione profonda: Dopo aver rilassato i muscoli, pratica la respirazione profonda per 5 minuti. Inspira lentamente attraverso il naso contando fino a quattro, trattieni il respiro per quattro secondi, e poi espira lentamente attraverso la bocca per sei secondi.

Esercizio 2: Meditazione Mindfulness

Integrare la meditazione mindfulness nella tua routine quotidiana può aiutarti a sviluppare una maggiore consapevolezza e ridurre lo stress.

Istruzioni:

Trova un posto tranquillo: Siediti comodamente in un luogo tranquillo, chiudi gli occhi e porta l'attenzione al tuo respiro.

Consapevolezza del respiro: Concentrati sull'aria che entra e esce dalle narici o sul movimento del tuo addome. Se la mente si distrae, gentilmente riporta l'attenzione al respiro senza giudicarti.

Osservazione dei pensieri: Nota i pensieri e le emozioni che emergono senza attaccarti ad essi.

Osserva semplicemente e lasciali passare come nuvole nel cielo.

Durata: Pratica per 10-15 minuti al giorno, aumentando gradualmente il tempo man mano che ti senti più a tuo agio.

Esercizio 3: Camminata Consapevole

La camminata consapevole è un modo efficace per combinare attività fisica e mindfulness, riducendo lo stress e aumentando il benessere.

Istruzioni:

Scegli un percorso tranquillo: Trova un percorso tranquillo, preferibilmente nella natura, dove puoi camminare senza essere disturbato.

Consapevolezza del corpo: Inizia la camminata prestando attenzione a ogni passo. Senti il contatto dei piedi con il suolo, il movimento delle gambe e l'equilibrio del corpo.

Consapevolezza dell'ambiente: Porta l'attenzione ai suoni, agli odori e alle viste intorno a te. Nota i dettagli della natura, come gli alberi, gli uccelli e il cielo.

Respirazione: Coordina il respiro con i passi, respirando lentamente e profondamente mentre cammini.

Durata: Dedica almeno 20-30 minuti alla camminata consapevole, cercando di mantenere la mente presente e attenta.

Esercizio 4: Sessione di Yoga al Mattino

Praticare yoga al mattino può preparare la mente e il corpo per affrontare la giornata con calma e equilibrio.

Istruzioni:

Tappetino da yoga: Stendi un tappetino da yoga in un luogo tranquillo e ben illuminato.

Sequenza di posizioni: Inizia con alcune posizioni base come la posizione del bambino (Balasana), il cane a testa in giù (Adho Mukha Svanasana) e la posizione del gatto-mucca (Marjaryasana-Bitilasana).

Respirazione: Integra la respirazione con i movimenti, inspirando mentre espandi e espirando mentre contrai.

Focus mentale: Mantieni l'attenzione sul respiro e sulle sensazioni del corpo durante le posizioni. Se la mente vaga, riporta gentilmente l'attenzione al movimento e al respiro.

Durata: Pratica per 15-20 minuti, concludendo con qualche minuto di rilassamento in posizione del cadavere (Savasana).

Esercizio 5: Tempo Libero Programmato

Assicurati di dedicare tempo alle attività ricreative che ti piacciono per ridurre lo stress e migliorare il benessere.

Istruzioni:

Pianificazione: Ogni settimana, programma almeno due sessioni di tempo libero nella tua agenda. Questo può includere attività come leggere, disegnare, giocare a un gioco, o fare una gita.

Attività preferite: Identifica le attività che ti portano gioia e rilassamento. Variale per mantenere il tuo tempo libero interessante e piacevole.

Impegno: Tratta queste sessioni con la stessa importanza di altri impegni. Evita di annullarle o posticiparle.

Consapevolezza del divertimento: Durante queste attività, cerca di essere pienamente presente e goditi il momento. Evita distrazioni come il telefono o la televisione.

Incorporare questi esercizi nella tua routine quotidiana può aiutarti a gestire lo stress in modo efficace, migliorare la tua salute mentale e fisica, e promuovere un senso di benessere generale. Ricorda che la chiave è la consistenza; anche piccoli cambiamenti praticati regolarmente possono avere un impatto significativo sul tuo benessere complessivo.

"Il più grande errore che puoi fare nella vita è quello di avere paura di fare errori." - Elbert Hubbard

Capitolo 4

Vincere l'Insicurezza

Identificare le Radici dell'Insicurezza e del Senso di Inferiorità

L'insicurezza e il senso di inferiorità sono sentimenti comuni che possono avere un impatto significativo sulla nostra vita quotidiana. Questi stati d'animo possono impedirci di raggiungere il nostro pieno potenziale, influenzare negativamente le nostre relazioni e compromettere il nostro benessere generale. Per affrontare e superare l'insicurezza, è fondamentale identificarne le radici e comprenderne le cause profonde.

Le radici dell'insicurezza possono essere molteplici e spesso risalgono alle esperienze dell'infanzia. Uno dei fattori principali è il tipo di attaccamento che abbiamo sviluppato con i nostri genitori o caregiver. I bambini che hanno avuto esperienze di attaccamento insicuro, caratterizzate da instabilità emotiva, mancanza di supporto o eccessiva critica, possono sviluppare un senso di insicurezza che persiste nell'età adulta. Questi bambini imparano a dubitare del loro valore e delle loro capacità, portando con sé un senso di inferiorità che può influenzare vari aspetti della loro vita.

Un altro fattore cruciale è l'influenza dei coetanei e delle esperienze sociali durante l'infanzia e l'adolescenza. Episodi di bullismo, esclusione sociale o critiche ripetute possono lasciare cicatrici profonde, contribuendo a una percezione negativa di sé. Le esperienze negative con i coetanei possono instillare la paura del rifiuto e dell'abbandono, alimentando l'insicurezza e il senso di inferiorità.

Anche i messaggi culturali e sociali giocano un ruolo significativo. Viviamo in una società che spesso enfatizza standard irrealistici di bellezza, successo e felicità. I media, con le loro rappresentazioni idealizzate, possono farci sentire inadeguati e inferiori se non riusciamo a conformarci a questi standard. La pressione per raggiungere la perfezione può essere schiacciante e alimentare sentimenti di insicurezza, poiché ci confrontiamo costantemente con immagini irraggiungibili.

Le esperienze di fallimento e di critica possono rafforzare ulteriormente il senso di inferiorità. Quando sperimentiamo ripetuti insuccessi o riceviamo critiche costanti, possiamo iniziare a interiorizzare queste esperienze come prove del nostro valore personale. Questo può creare un ciclo di auto-sabotaggio, in cui la paura del fallimento ci impedisce di tentare nuove sfide, limitando le nostre opportunità di crescita e successo.

Le dinamiche familiari e le relazioni personali possono anche contribuire all'insicurezza. Genitori e partner ipercritici o controllanti possono minare la nostra autostima, facendoci sentire costantemente sotto esame e mai all'altezza delle aspettative. Al contrario, una mancanza di supporto emotivo e di riconoscimento può farci sentire non amati e non apprezzati, rafforzando il senso di inferiorità.

Oltre a questi fattori esterni, ci sono anche cause interne che possono alimentare l'insicurezza. La personalità e la predisposizione genetica possono influenzare il modo in cui percepiamo noi stessi e il mondo intorno a noi. Le persone con tendenze perfezionistiche o con una bassa tolleranza all'incertezza possono essere più inclini a sentirsi insicure e inferiori.

Infine, eventi traumatici come abusi, perdita di una persona cara o gravi problemi di salute possono avere un impatto duraturo sulla nostra autostima e sicurezza personale. Questi eventi possono sconvolgere il nostro senso di sicurezza e fiducia, lasciandoci con un profondo senso di vulnerabilità e insicurezza.

Riconoscere e comprendere le radici dell'insicurezza è il primo passo verso la guarigione e la crescita personale. Questo processo richiede introspezione e, spesso, il supporto di un terapeuta o di un consulente. Esplorare le esperienze passate, identificare i modelli di pensiero negativo e sviluppare nuove prospettive può aiutare a trasformare il senso di inferiorità in una forza motrice per il cambiamento positivo.

In conclusione, le radici dell'insicurezza e del senso di inferiorità sono complesse e multiformi, intrecciando esperienze di vita, influenze sociali e fattori interni. Identificarle e comprenderle è essenziale per affrontare questi sentimenti e costruire una vita più sicura e soddisfacente. Con consapevolezza, supporto e determinazione, è possibile superare l'insicurezza e sviluppare una solida autostima, aprendo la strada a una vita più felice e realizzata.

Comprendere l'Importanza dell'Autocompassione

L'autocompassione è un concetto fondamentale per affrontare e superare l'insicurezza e il senso di inferiorità. Spesso, le persone che lottano con questi sentimenti sono particolarmente critiche verso se stesse, creando un ciclo negativo che può essere difficile da interrompere. L'autocompassione offre un'alternativa potente e positiva: trattarsi con la stessa gentilezza, comprensione e sostegno che si offrirebbe a un caro amico.

La pratica dell'autocompassione, come definita dalla ricercatrice Kristin Neff, si basa su tre componenti principali: gentilezza verso se stessi, senso di umanità condivisa e consapevolezza. La gentilezza verso se stessi implica il riconoscere che è umano fare errori e che meritiamo gentilezza e comprensione anziché giudizio severo. Questo approccio aiuta a costruire una base di supporto interno che può sostenere durante i momenti difficili.

Il senso di umanità condivisa è un altro pilastro dell'autocompassione. Riconoscere che tutti sperimentano difficoltà e sofferenze può ridurre il senso di isolamento spesso associato all'insicurezza. Sapere che non siamo soli nelle nostre lotte ci permette di vedere le nostre imperfezioni come parte dell'esperienza umana universale, anziché come segni di fallimento personale. Questo può alleviare il peso del confronto con gli altri e ridurre la pressione di dover essere perfetti.

La consapevolezza, la terza componente, riguarda l'osservazione dei propri pensieri e sentimenti senza giudizio. Questo non significa ignorare il dolore, ma piuttosto accettarlo e riconoscerlo come parte della nostra esperienza, senza amplificarlo attraverso l'autocritica. La consapevolezza ci aiuta a mantenere una prospettiva equilibrata, impedendo che le emozioni negative prendano il sopravvento.

L'autocompassione può trasformare radicalmente il modo in cui affrontiamo l'insicurezza e il senso di inferiorità. Quando pratichiamo l'autocompassione, impariamo a rispondere alle nostre imperfezioni e fallimenti con gentilezza piuttosto che con critica. Questo cambia il nostro dialogo interno, sostituendo il giudizio severo con parole di conforto e incoraggiamento. Questo nuovo dialogo interno può promuovere un senso di sicurezza e autostima più solido.

Inoltre, l'autocompassione può migliorare la resilienza emotiva. Le persone che sono compassionevoli verso se stesse tendono a recuperare più rapidamente dalle battute d'arresto e dalle delusioni. Sapendo che si può contare su se stessi per il supporto emotivo, diventa più facile affrontare le sfide e le difficoltà. Questo atteggiamento di auto-sostegno rafforza la capacità di gestire lo stress e di mantenere un equilibrio emotivo.

La ricerca ha dimostrato che l'autocompassione è associata a una migliore salute mentale. Le persone che praticano l'autocompassione tendono a sperimentare meno ansia e depressione e mostrano livelli più alti di soddisfazione di vita. Questo perché l'autocompassione promuove un atteggiamento positivo verso se stessi e verso la propria esperienza, riducendo l'autocritica e il perfezionismo, che sono spesso alla radice dell'insicurezza e del senso di inferiorità.

Un altro aspetto importante dell'autocompassione è che non implica l'autoindulgenza o l'evitamento delle responsabilità. Essere compassionevoli verso se stessi non significa ignorare i propri errori o fallimenti, ma riconoscerli con gentilezza e lavorare per migliorare. Questo approccio equilibrato permette di crescere e svilupparsi senza il peso della vergogna o della colpa, favorendo un ciclo di miglioramento continuo basato sull'amore e la comprensione di sé.

Infine, l'autocompassione può migliorare le relazioni interpersonali. Quando siamo gentili e compassionevoli verso noi stessi, siamo più capaci di essere empatici e comprensivi verso gli altri. Questo atteggiamento positivo si riflette nelle nostre interazioni, creando un ambiente di supporto e connessione che può rafforzare i legami sociali e migliorare la qualità delle relazioni.

In sintesi, l'autocompassione è uno strumento potente per vincere l'insicurezza e il senso di inferiorità. Promuovendo la gentilezza verso se stessi, il senso di umanità condivisa e la consapevolezza, l'autocompassione può trasformare il modo in cui affrontiamo le nostre imperfezioni e difficoltà. Questo approccio non solo migliora la salute mentale e il benessere emotivo, ma rafforza anche la resilienza e la capacità di mantenere relazioni positive. Integrando l'autocompassione nella nostra vita quotidiana, possiamo costruire una base solida di autostima e sicurezza che ci aiuterà a vivere una vita più felice e soddisfacente.

Riconoscere e Sfidare i Pensieri Negativi su Se Stessi

Riconoscere e sfidare i pensieri negativi su se stessi è un passo fondamentale per superare l'insicurezza e costruire una sana autostima. Questi pensieri negativi, spesso automatici e radicati, possono diventare potenti ostacoli al nostro benessere e alla nostra crescita personale. Per affrontarli efficacemente, è necessario sviluppare consapevolezza e adottare strategie che ci permettano di trasformarli in pensieri più equilibrati e positivi.

Il primo passo per riconoscere i pensieri negativi su se stessi è sviluppare una maggiore consapevolezza di essi. Questo richiede un'attenta osservazione dei propri pensieri e delle proprie reazioni emotive. Può essere utile tenere un diario dei pensieri, in cui annotare ogni volta che si nota un pensiero negativo. Questo processo di monitoraggio può aiutare a identificare schemi ricorrenti e a comprendere meglio le situazioni o le esperienze che li innescano. Ad esempio, potremmo scoprire che critichiamo duramente noi stessi dopo un errore sul lavoro o quando ci confrontiamo con gli altri sui social media.

Una volta riconosciuti i pensieri negativi, il passo successivo è sfidarli. Questo implica mettere in discussione la loro validità e cercare prove che li contraddicano. Spesso, i pensieri negativi sono distorti e non riflettono la realtà. Un metodo efficace per sfidarli è utilizzare la tecnica della ristrutturazione cognitiva, che prevede di esaminare i pensieri negativi e sostituirli con interpretazioni più realistiche e positive. Ad esempio, se il pensiero negativo è "Non sono abbastanza bravo", possiamo chiederci: "Quali prove ho che dimostrano il contrario? Ci sono stati momenti in cui ho avuto successo?".

Un altro strumento utile è la pratica della gratitudine. Focalizzarsi sugli aspetti positivi della nostra vita e sulle nostre qualità può aiutare a contrastare i pensieri negativi. Ogni giorno, possiamo prendere qualche minuto per riflettere su ciò per cui siamo grati e per riconoscere i nostri successi, anche quelli più piccoli. Questo esercizio può aiutarci a vedere noi stessi in una luce più positiva e a sviluppare un atteggiamento più equilibrato e compassionevole verso noi stessi.

La tecnica della sostituzione è un'altra strategia efficace. Consiste nel sostituire consapevolmente un pensiero negativo con uno positivo. Quando ci accorgiamo di pensare qualcosa di negativo su di noi, possiamo fermarci e sostituirlo con un pensiero opposto e positivo. Ad esempio, se il pensiero negativo è "Sono un fallimento", possiamo sostituirlo con "Sto facendo del mio meglio e ogni errore è un'opportunità di apprendimento". Questa pratica richiede consapevolezza e sforzo, ma col tempo può diventare una risposta automatica che rafforza la nostra autostima.

La meditazione mindfulness può anche essere un potente alleato nel riconoscere e sfidare i pensieri negativi. La mindfulness ci insegna a osservare i nostri pensieri senza giudizio, permettendoci di prendere le distanze da essi e di non identificarci completamente con ciò che pensiamo. Questa consapevolezza può ridurre il potere dei pensieri negativi e aiutarci a sviluppare una maggiore resilienza emotiva.

Le affermazioni positive sono un altro strumento utile per sfidare i pensieri negativi. Creare un elenco di affermazioni che riflettono le nostre qualità positive e i nostri obiettivi può aiutare a contrastare i pensieri negativi. Ripetere queste affermazioni ogni giorno può rafforzare una visione più positiva di noi stessi e migliorare la nostra autostima. Ad esempio, affermazioni come "Sono capace e merito il successo" o "Mi accetto e mi apprezzo per quello che sono" possono avere un impatto profondo se ripetute regolarmente.

Infine, cercare il supporto di un terapeuta o di un consulente può essere molto utile. Un professionista può aiutare a esplorare le radici dei pensieri negativi, fornire strategie personalizzate per affrontarli e offrire un supporto continuo nel processo di trasformazione. La terapia cognitivo-comportamentale, in particolare, è nota per essere efficace nel trattamento dei pensieri negativi e nell'aiutare le persone a sviluppare una visione più positiva di sé stesse.

In conclusione, riconoscere e sfidare i pensieri negativi su se stessi è un processo che richiede consapevolezza, impegno e pratica. Attraverso tecniche come la ristrutturazione cognitiva, la gratitudine, la sostituzione dei pensieri, la mindfulness e le affermazioni positive, possiamo trasformare il nostro dialogo interno e costruire una solida autostima. Con il tempo, questi strumenti possono aiutarci a vivere una vita più felice, equilibrata e soddisfacente, libera dai vincoli dei pensieri negativi.

Creare un Piano di Azione per Migliorare l'Autostima

Migliorare l'autostima è un processo che richiede consapevolezza, impegno e azioni concrete. Creare un piano di azione dettagliato può fornire una guida chiara per intraprendere questo percorso, aiutando a costruire una solida autostima e a sviluppare un atteggiamento positivo verso se stessi.

Il primo passo per migliorare l'autostima è identificare le aree in cui si sente il bisogno di crescita. Questo richiede un'auto-riflessione onesta e profonda. Può essere utile fare una lista delle situazioni in cui ci si sente insicuri o inadeguati, e cercare di individuare i pensieri e le emozioni che emergono in quei momenti. Questa consapevolezza iniziale è fondamentale per capire da dove partire e su cosa concentrarsi.

Una volta individuate le aree di miglioramento, è importante fissare obiettivi specifici e realistici. Gli obiettivi dovrebbero essere concreti e misurabili, in modo da poter monitorare i progressi. Ad esempio, se si desidera migliorare la propria abilità di parlare in pubblico, un obiettivo realistico potrebbe essere partecipare a un corso di public speaking o praticare la presentazione di fronte a un piccolo gruppo di amici. Fissare obiettivi raggiungibili aiuta a mantenere la motivazione e a costruire gradualmente la fiducia in se stessi.

Il passo successivo è sviluppare strategie pratiche per raggiungere questi obiettivi. Una delle strategie più efficaci è l'apprendimento continuo. Investire nel proprio sviluppo personale e professionale può aumentare significativamente l'autostima. Questo può includere la lettura di libri, la partecipazione a workshop, o l'iscrizione a corsi che migliorino le proprie competenze. L'acquisizione di nuove conoscenze e abilità non solo arricchisce il proprio bagaglio culturale, ma rafforza anche la percezione del proprio valore.

Un'altra strategia chiave è la pratica della gratitudine. Focalizzarsi sulle cose positive della propria vita e sui propri successi, per quanto piccoli, può aiutare a contrastare i pensieri negativi e a sviluppare una visione più equilibrata di se stessi. Tenere un diario della gratitudine, in cui ogni giorno si annotano tre cose per cui si è grati, può essere un esercizio semplice ma potente per migliorare l'umore e rafforzare l'autostima.

Parte integrante del piano di azione è anche il prendersi cura di sé. Questo include sia la cura fisica che quella emotiva. Mantenere uno stile di vita sano, con una dieta equilibrata, esercizio fisico regolare e adeguato riposo, è essenziale per sentirsi bene con se stessi. Allo stesso tempo, è importante coltivare la propria salute emotiva attraverso pratiche come la meditazione, la mindfulness e l'autocompassione. Trattarsi con gentilezza e rispetto può fare una grande differenza nel modo in cui ci si percepisce.

Le relazioni interpersonali giocano un ruolo cruciale nel processo di miglioramento dell'autostima. Circondarsi di persone positive e di supporto, che incoraggiano e valorizzano, può aumentare significativamente la fiducia in se stessi. Al contrario, è importante riconoscere e allontanarsi dalle relazioni tossiche che minano l'autostima e la sicurezza personale. Costruire una rete di supporto solida e positiva può fornire la motivazione e l'energia necessari per perseguire i propri obiettivi.

Infine, monitorare e celebrare i progressi è fondamentale per mantenere la motivazione e riconoscere i successi ottenuti. Tenere traccia dei propri progressi, magari attraverso un diario o una lista di obiettivi raggiunti, può aiutare a mantenere alta la motivazione e a vedere concretamente i risultati del proprio impegno. Celebrare anche i piccoli successi è importante per rinforzare il senso di realizzazione e per continuare a coltivare una mentalità positiva.

In conclusione, creare un piano di azione per migliorare l'autostima richiede consapevolezza, obiettivi chiari, strategie pratiche, cura di sé e supporto relazionale. Con impegno e determinazione, è possibile trasformare il modo in cui si vede se stessi e costruire una solida base di autostima e fiducia. Questo percorso di crescita personale non solo migliora la qualità della vita, ma apre anche nuove opportunità per il successo e la realizzazione personale.

Esercizi Pratici per Migliorare l'Autostima

Per mettere in pratica le strategie apprese nel capitolo sulla vincita dell'insicurezza e sul miglioramento dell'autostima, è utile adottare esercizi concreti che possano essere integrati nella tua routine quotidiana. Questi esercizi sono progettati per aiutarti a sviluppare consapevolezza, costruire fiducia in te stesso e coltivare una visione positiva di te stesso.

Esercizio 1: Diario della Consapevolezza

Tenere un diario della consapevolezza può aiutarti a identificare e riflettere sui pensieri e sui sentimenti che influenzano la tua autostima. Dedica 10-15 minuti al giorno a scrivere di situazioni che hanno influenzato il tuo senso di autostima.

Istruzioni:

Rifletti sulle tue giornate: Ogni sera, prendi qualche minuto per riflettere sulle tue esperienze quotidiane. Annota situazioni specifiche che ti hanno fatto sentire insicuro o, al contrario, che hanno rafforzato la tua fiducia.

Identifica i pensieri negativi: Scrivi i pensieri negativi che hai avuto su te stesso durante queste situazioni. Cerca di riconoscere schemi o ripetizioni.

Sfida i pensieri negativi: Per ogni pensiero negativo, scrivi una controprova o un pensiero positivo che lo sfidi. Ad esempio, se hai pensato "Non sono bravo abbastanza", scrivi una situazione in cui hai dimostrato il contrario.

Nota i progressi: Periodicamente, rileggi il tuo diario per osservare i progressi fatti e per riconoscere come la tua percezione di te stesso stia cambiando.

Esercizio 2: Affermazioni Positive

Le affermazioni positive sono un modo efficace per reindirizzare il tuo dialogo interno e promuovere un'immagine di te stesso più positiva.

Istruzioni:

Scrivi affermazioni personalizzate: Crea un elenco di affermazioni positive che riflettono le qualità e i punti di forza che desideri coltivare. Ad esempio, "Sono capace e sicuro di me" o "Merito il successo e la felicità".

Ripeti quotidianamente: Ogni mattina e ogni sera, prendi qualche minuto per ripetere queste affermazioni ad alta voce davanti a uno specchio. Guarda te stesso negli occhi mentre le pronunci, sentendo il significato di ogni parola.

Visualizza il successo: Mentre ripeti le affermazioni, visualizza te stesso in situazioni di successo e fiducia, rafforzando così l'immagine positiva di te stesso.

Esercizio 3: Pratica della Gratitudine

Coltivare la gratitudine può aiutarti a concentrarti sugli aspetti positivi della tua vita e a migliorare la tua autostima.

Istruzioni:

Tieni un diario della gratitudine: Ogni sera, scrivi tre cose per cui sei grato. Possono essere piccole cose come un bel tramonto o grandi successi personali.

Rifletti sui successi personali: Includi nel diario i successi e le realizzazioni della giornata, riconoscendo i tuoi sforzi e progressi.

Condividi la gratitudine: Periodicamente, condividi le tue riflessioni con un amico o un familiare, rafforzando i sentimenti positivi e creando connessioni significative.

Esercizio 4: Autocompassione Attiva

Praticare l'autocompassione può trasformare il modo in cui rispondi ai tuoi errori e alle tue imperfezioni.

Istruzioni:

Rifletti sugli errori: Quando commetti un errore, prendi un momento per riflettere senza giudizio. Scrivi cosa è successo e come ti sei sentito.

Rispondi con gentilezza: Scrivi una risposta compassionevole come faresti per un amico. Ad esempio, "È normale fare errori. Questo è un'opportunità per imparare e crescere."

Pratica il dialogo interno positivo: Durante momenti difficili, usa frasi come "Mi accetto per quello che sono" e "Tutti fanno errori. Posso imparare da questo e migliorare."

Esercizio 5: Costruzione di Relazioni Positive

Circondarsi di persone positive può rafforzare la tua autostima e fornire supporto emotivo.

Istruzioni:

Identifica le relazioni positive: Fai un elenco delle persone nella tua vita che ti sostengono e ti incoraggiano.

Investi nel tempo di qualità: Dedica del tempo ogni settimana per interagire con queste persone, che sia attraverso una chiamata, un incontro di persona o un messaggio.

Offri supporto reciproco: Sii un sostegno positivo per gli altri. La reciprocità nelle relazioni rafforza i legami e migliora il benessere emotivo di tutti i coinvolti.

Questi esercizi ti aiuteranno a mettere in pratica le strategie apprese per migliorare l'autostima, promuovendo un dialogo interno positivo, coltivando la gratitudine, praticando l'autocompassione e rafforzando le relazioni positive. Con impegno e costanza, potrai sviluppare una solida autostima e vivere una vita più equilibrata e soddisfacente.

"Credi in te stesso e in tutto ciò che sei. Sappi che c'è qualcosa dentro di te che è più grande di qualsiasi ostacolo." - Christian D. Larson

Capitolo 5

Costruire l'Autostima

Differenze tra Autostima e Fiducia in Se Stessi

Spesso, i termini "autostima" e "fiducia in se stessi" vengono utilizzati come sinonimi, ma in realtà si riferiscono a concetti distinti che giocano entrambi un ruolo cruciale nel nostro benessere psicologico e nella nostra capacità di affrontare le sfide della vita. Comprendere le differenze tra autostima e fiducia in se stessi è fondamentale per sviluppare entrambi in modo equilibrato e armonioso.

L'autostima è il valore che attribuiamo a noi stessi come individui. È una valutazione complessiva del nostro valore personale, che include come ci vediamo e quanto ci sentiamo degni di amore e rispetto. L'autostima è profondamente radicata nella nostra identità e influenza ogni aspetto della nostra vita, dalle relazioni interpersonali alle scelte professionali. Una sana autostima ci permette di sentirci sicuri nel nostro valore intrinseco, indipendentemente dai successi o fallimenti esterni.

La fiducia in se stessi, invece, riguarda la nostra convinzione nelle nostre capacità di eseguire compiti specifici e di affrontare determinate situazioni. È una percezione più pratica e situazionale rispetto all'autostima. La fiducia in se stessi si costruisce attraverso esperienze di successo e di superamento delle difficoltà. Ad esempio, una persona può avere alta fiducia in se stessa nelle sue abilità professionali, ma avere bassa autostima se non si sente degna di amore o rispetto. La fiducia in se stessi è dunque più dinamica e può variare in base ai contesti e alle competenze richieste.

Sebbene siano concetti distinti, autostima e fiducia in se stessi sono interconnessi. Una solida autostima può facilitare lo sviluppo della fiducia in se stessi, poiché chi si percepisce degno e meritevole sarà più incline a mettere alla prova le proprie capacità e a perseverare di fronte alle sfide. Allo stesso modo, avere fiducia nelle proprie capacità può rafforzare l'autostima, poiché il successo nelle attività specifiche può contribuire a una visione più positiva di sé.

Per coltivare un sano equilibrio tra autostima e fiducia in se stessi, è utile lavorare su entrambi i fronti. L'autostima si può migliorare attraverso l'autocompassione, la pratica della gratitudine e la costruzione di una rete di supporto positiva. Prendersi cura di sé stessi e riconoscere il proprio valore intrinseco sono passi fondamentali per sviluppare una forte autostima. È importante ricordare che l'autostima non dovrebbe dipendere esclusivamente dai successi o dall'approvazione degli altri, ma deve essere radicata nella consapevolezza del proprio valore come essere umano.

Per migliorare la fiducia in se stessi, invece, è essenziale accumulare esperienze di successo e superamento delle difficoltà. Questo può essere fatto fissando obiettivi realistici e raggiungibili, che permettano di costruire gradualmente la fiducia nelle proprie capacità. Ogni successo, per quanto piccolo, può contribuire a rafforzare la percezione delle proprie competenze. È utile anche affrontare le paure e le incertezze, prendendo iniziative e sperimentando nuove sfide. La pratica e la perseveranza sono chiavi per sviluppare una solida fiducia in se stessi.

Un altro aspetto cruciale è la gestione del fallimento. Entrambi, autostima e fiducia in se stessi, possono essere messi alla prova dai fallimenti e dalle difficoltà. È importante imparare a vedere i fallimenti non come prove della propria inadeguatezza, ma come opportunità di apprendimento e crescita. Una sana autostima permette di mantenere una visione positiva di sé nonostante i fallimenti, mentre una forte fiducia in se stessi aiuta a riprendersi rapidamente e a continuare a perseguire i propri obiettivi.

In sintesi, mentre l'autostima e la fiducia in se stessi sono concetti distinti, entrambi sono essenziali per una vita equilibrata e soddisfacente. L'autostima ci dà una base solida di valore personale, mentre la fiducia in se stessi ci permette di affrontare le sfide con competenza e sicurezza. Lavorare su entrambi questi aspetti ci aiuta a diventare persone più resilienti, sicure e realizzate, capaci di navigare le complessità della vita con equilibrio e determinazione.

Importanza di un'Immagine di Sé Positiva

L'immagine di sé, o autoimmagine, è il modo in cui percepiamo e valutiamo noi stessi. È un aspetto fondamentale della nostra identità che influenza profondamente il nostro comportamento, le nostre emozioni e la nostra capacità di affrontare le sfide della vita. Coltivare un'immagine di sé positiva è essenziale per sviluppare una sana autostima e una fiducia in se stessi robusta. Un'autoimmagine positiva non solo migliora il benessere personale, ma favorisce anche relazioni più soddisfacenti e una maggiore realizzazione personale e professionale.

Una delle ragioni principali per cui un'immagine di sé positiva è così importante è che essa funge da filtro attraverso cui interpretiamo le nostre esperienze e interagiamo con il mondo. Quando abbiamo una visione positiva di noi stessi, tendiamo a interpretare gli eventi in modo più costruttivo e a reagire alle difficoltà con maggiore resilienza. Ad esempio, una persona con un'immagine di sé positiva vedrà un errore come un'opportunità di apprendimento piuttosto che come una prova della propria inadeguatezza. Questa prospettiva incoraggia la crescita personale e riduce il rischio di cadere nella trappola dell'autocritica e della negatività.

Inoltre, un'immagine di sé positiva promuove la motivazione e il successo. Le persone che credono nel proprio valore e nelle proprie capacità sono più propense a fissare obiettivi ambiziosi e a perseverare di fronte alle sfide. La fiducia nelle proprie competenze aumenta la probabilità di intraprendere azioni proattive e di affrontare i rischi necessari per il successo. Questa sicurezza si riflette anche nella capacità di accettare e gestire il fallimento, vedendolo come una parte naturale del processo di crescita e come un'opportunità per migliorare ulteriormente.

Le relazioni interpersonali beneficiano notevolmente di un'autoimmagine positiva. Quando ci sentiamo bene con noi stessi, siamo in grado di costruire relazioni più sane e appaganti. La sicurezza interna ci permette di comunicare in modo assertivo, di stabilire limiti sani e di cercare relazioni basate sul rispetto reciproco. Inoltre, le persone con un'immagine di sé positiva tendono a essere più empatiche e comprensive, poiché non sono costantemente preoccupate di difendere la propria autostima. Questo facilita la connessione autentica con gli altri e la costruzione di legami profondi e significativi.

Un altro aspetto cruciale è l'impatto dell'immagine di sé sulla salute mentale. Una visione negativa di sé è spesso associata a disturbi come l'ansia e la depressione. Le persone che lottano con un'immagine di sé negativa possono sperimentare sentimenti di inutilità, vergogna e disperazione. Al contrario, coltivare un'autoimmagine positiva può prevenire questi problemi e promuovere un senso di benessere emotivo. Le pratiche di autocompassione, gratitudine e mindfulness sono strumenti efficaci per sviluppare una visione più positiva di sé e per mitigare gli effetti della negatività.

È importante notare che un'immagine di sé positiva non significa ignorare o negare le proprie imperfezioni. Si tratta piuttosto di accettare e apprezzare se stessi come esseri umani completi, con punti di forza e aree di miglioramento. Questa accettazione realistica e compassionevole permette di affrontare le proprie debolezze con gentilezza e di lavorare per migliorare senza essere paralizzati dalla paura del fallimento o dalla vergogna.

Per costruire e mantenere un'autoimmagine positiva, è essenziale adottare pratiche quotidiane che rafforzino la percezione positiva di sé. Questo può includere il monitoraggio dei propri successi, la pratica della gratitudine, l'auto-riflessione e l'evitare il confronto dannoso con gli altri. Circondarsi di persone positive e di supporto che valorizzano e rispettano è altrettanto importante. Inoltre, impegnarsi in attività che promuovono il benessere fisico e mentale, come l'esercizio fisico, la meditazione e hobby creativi, può contribuire a rafforzare l'immagine di sé.

In conclusione, coltivare un'immagine di sé positiva è fondamentale per una vita equilibrata e soddisfacente. Influenza il modo in cui affrontiamo le sfide, costruiamo relazioni e percepiamo il nostro valore intrinseco. Investire nel miglioramento della propria autoimmagine non solo favorisce la crescita personale e il successo, ma contribuisce anche a una maggiore felicità e benessere complessivo. Adottando pratiche consapevoli e costanti, possiamo trasformare la nostra percezione di noi stessi e vivere una vita più appagante e piena di significato.

Tecniche per Migliorare l'Autostima Quotidianamente

Migliorare l'autostima richiede un impegno costante e una serie di pratiche quotidiane che possono fare una grande differenza nel modo in cui percepiamo noi stessi. Integrare queste tecniche nella routine quotidiana può aiutare a costruire e mantenere una solida autostima, favorendo una vita più equilibrata e soddisfacente.

Una delle tecniche più efficaci per migliorare l'autostima è la pratica della gratitudine. Ogni giorno, prendersi del tempo per riflettere su ciò che si ha di positivo nella propria vita può aiutare a spostare l'attenzione dalle mancanze ai successi e alle benedizioni. Mantenere un diario della gratitudine, in cui si annotano almeno tre cose per cui si è grati ogni giorno, può rafforzare un atteggiamento positivo e migliorare l'umore generale. Questo esercizio non solo aiuta a vedere il lato positivo delle situazioni, ma può anche ridurre i pensieri negativi e aumentare il senso di appagamento.

Un'altra tecnica fondamentale è l'uso delle affermazioni positive. Le affermazioni sono dichiarazioni che rafforzano un'immagine positiva di sé stessi. Ripetere affermazioni positive ogni giorno può aiutare a reindirizzare il pensiero verso una visione più positiva di sé. Ad esempio, frasi come

"Sono capace e merito il successo" o "Mi accetto e mi apprezzo per quello che sono" possono essere ripetute davanti allo specchio ogni mattina. Questa pratica può sembrare semplice, ma con il tempo può avere un impatto profondo sulla percezione di sé.

La cura di sé è un altro aspetto cruciale per migliorare l'autostima. Prendersi cura del proprio corpo e della propria mente attraverso una dieta equilibrata, l'esercizio fisico regolare e il riposo adeguato può influenzare positivamente il modo in cui ci sentiamo riguardo a noi stessi. Quando ci prendiamo cura del nostro benessere fisico, inviamo un messaggio a noi stessi che siamo degni di amore e attenzione. Questo, a sua volta, rafforza il senso di autostima.

Le relazioni interpersonali giocano un ruolo significativo nel modo in cui percepiamo noi stessi. Circondarsi di persone positive e di supporto che incoraggiano e valorizzano può avere un impatto enorme sull'autostima. Al contrario, è importante limitare il tempo trascorso con persone tossiche che minano la nostra autostima. Le relazioni sane e positive forniscono un supporto emotivo e ci aiutano a vedere noi stessi in una luce migliore.

La pratica della mindfulness e della meditazione può anche contribuire a migliorare l'autostima. La mindfulness, che implica l'essere pienamente presenti nel momento senza giudizio, può aiutare a sviluppare una maggiore consapevolezza di sé e a ridurre l'autocritica. La meditazione, in particolare, può aiutare a calmare la mente e a creare uno spazio per la riflessione positiva su se stessi. Dedicarci alcuni minuti ogni giorno alla meditazione può portare a una maggiore pace interiore e a una visione più equilibrata di sé stessi.

Stabilire e raggiungere piccoli obiettivi quotidiani può aumentare la fiducia in se stessi e rafforzare l'autostima. Questi obiettivi non devono essere grandi o ambiziosi; anche compiti semplici come organizzare la scrivania, completare una piccola attività lavorativa o fare una breve passeggiata possono generare un senso di realizzazione. Ogni piccolo successo contribuisce a costruire la fiducia nelle proprie capacità e a rafforzare l'autostima.

Infine, praticare l'autocompassione è essenziale per migliorare l'autostima. Trattarsi con gentilezza e comprensione, soprattutto nei momenti di fallimento o difficoltà, può aiutare a sviluppare un rapporto più positivo con se stessi. Invece di criticarsi duramente, possiamo imparare a parlare a noi stessi con la stessa gentilezza e compassione che riserviamo a un amico caro. Questa pratica aiuta a costruire una base di autostima solida e resiliente.

In conclusione, migliorare l'autostima quotidianamente richiede l'integrazione di pratiche come la gratitudine, le affermazioni positive, la cura di sé, relazioni positive, mindfulness, meditazione, piccoli obiettivi e autocompassione. Queste tecniche, se praticate con costanza e impegno, possono trasformare il modo in cui vediamo noi stessi, promuovendo una vita più equilibrata e soddisfacente.

Influenza dei Successi e delle Sfide sull'Autostima

L'autostima è fortemente influenzata dalle nostre esperienze di vita, in particolare dai successi che otteniamo e dalle sfide che affrontiamo. Ogni esperienza ha il potenziale di rafforzare o minare la percezione che abbiamo di noi stessi, rendendo essenziale il modo in cui interpretiamo e reagiamo a questi eventi.

I successi, grandi e piccoli, possono avere un impatto positivo significativo sull'autostima. Quando raggiungiamo un obiettivo o superiamo una difficoltà, proviamo un senso di realizzazione che rinforza la fiducia nelle nostre capacità. Questo può generare un ciclo virtuoso: il successo alimenta l'autostima, che a sua volta ci motiva a intraprendere nuove sfide e a raggiungere ulteriori successi. Ad esempio, completare un progetto lavorativo importante, ottenere un riconoscimento per un talento personale o semplicemente ricevere un feedback positivo può accrescere la nostra percezione di valore e competenza.

Tuttavia, non sono solo i grandi traguardi a influenzare l'autostima. Anche i piccoli successi quotidiani, come rispettare un programma di allenamento, imparare una nuova abilità o gestire bene una situazione stressante, contribuiscono a costruire un'immagine positiva di sé. Celebrando questi piccoli successi, rafforziamo la nostra autostima e creiamo una base solida di fiducia in noi stessi.

D'altra parte, le sfide e i fallimenti possono mettere alla prova la nostra autostima. Quando non riusciamo a raggiungere un obiettivo o affrontiamo una difficoltà inaspettata, è naturale sentirsi delusi o scoraggiati. Questi momenti possono far vacillare la nostra fiducia in noi stessi e indurci a mettere in dubbio le nostre capacità. Tuttavia, è importante ricordare che le sfide e i fallimenti sono parte integrante del processo di crescita personale.

Affrontare le sfide con un atteggiamento positivo e resiliente è fondamentale per mantenere e rafforzare l'autostima. Vedere i fallimenti come opportunità di apprendimento piuttosto che come prove della nostra inadeguatezza ci permette di crescere e migliorare. Ogni sfida superata, anche se non porta al successo immediato, ci insegna qualcosa di nuovo e ci rende più forti. Ad esempio, fallire in un progetto può insegnarci nuove strategie per affrontare problemi simili in futuro o rivelare aree in cui possiamo migliorare.

La chiave per gestire l'influenza delle sfide sull'autostima è la resilienza. La resilienza ci permette di recuperare dai fallimenti e di mantenere una visione positiva di noi stessi nonostante le difficoltà. Costruire la resilienza richiede pratica e impegno, ma può essere sviluppata attraverso il sostegno sociale, l'autocompassione e una mentalità di crescita. Circondarsi di persone che offrono supporto emotivo, praticare la gentilezza verso se stessi e vedere le sfide come opportunità di miglioramento sono strategie efficaci per rafforzare la resilienza.

Un'altra strategia importante è mantenere una prospettiva equilibrata. È facile concentrarsi sui fallimenti e trascurare i successi, ma è essenziale riconoscere e celebrare anche i piccoli traguardi. Tenere un diario dei successi può aiutare a mantenere questa prospettiva, fornendo un promemoria tangibile dei nostri progressi e delle nostre realizzazioni.

Inoltre, la pratica della gratitudine può aiutare a bilanciare l'impatto delle sfide sull'autostima. Riflettere quotidianamente su ciò per cui siamo grati, inclusi i successi ottenuti e le lezioni apprese dalle difficoltà, può mantenere il focus sui lati positivi della nostra esperienza e ridurre il peso dei fallimenti.

In conclusione, sia i successi che le sfide hanno un'influenza significativa sull'autostima. I successi rafforzano la fiducia in se stessi e alimentano un ciclo positivo di crescita e realizzazione, mentre le sfide offrono opportunità di apprendimento e sviluppo della resilienza. Affrontare entrambi con un atteggiamento positivo e resiliente è essenziale per mantenere una solida autostima. Attraverso il riconoscimento dei successi, la pratica della gratitudine e il sostegno sociale, possiamo navigare le complessità della vita con maggiore fiducia e soddisfazione.

Come Mantenere un'Autostima Sana nel Tempo

Mantenere un'autostima sana nel tempo richiede un impegno costante e una serie di pratiche consapevoli che supportano una visione equilibrata e positiva di sé stessi. Un'autostima solida non è solo il risultato di successi temporanei, ma si basa su una cura quotidiana che comprende la gestione dei pensieri, delle emozioni e delle relazioni.

Uno degli aspetti fondamentali per mantenere un'autostima sana è la pratica dell'autocompassione. Trattarsi con gentilezza e comprensione, specialmente nei momenti di difficoltà o fallimento, aiuta a mantenere una percezione positiva di sé. L'autocompassione implica riconoscere che gli errori e le imperfezioni fanno parte della condizione umana e non devono essere motivo di autocritica distruttiva. Coltivare un dialogo interno gentile può prevenire l'erosione dell'autostima e promuovere una maggiore resilienza emotiva.

La consapevolezza è un altro pilastro importante. Essere consapevoli dei propri pensieri e delle proprie emozioni permette di identificare e correggere i modelli negativi di pensiero che possono minare l'autostima. La pratica della mindfulness, che consiste nell'osservare i propri stati mentali senza giudizio, può aiutare a sviluppare una maggiore autoaccettazione e ridurre l'impatto dei pensieri negativi. La consapevolezza ci insegna a vivere nel presente e a non lasciarci sopraffare da preoccupazioni o rimpianti.

Un'altra strategia essenziale è stabilire e perseguire obiettivi realistici. Gli obiettivi devono essere sfidanti ma raggiungibili, e devono riflettere i propri valori e passioni personali. Raggiungere questi obiettivi, anche se piccoli, può aumentare la fiducia nelle proprie capacità e rafforzare l'autostima. È importante celebrare ogni traguardo raggiunto e vedere i progressi come una conferma del proprio valore e delle proprie competenze.

Il supporto sociale gioca un ruolo cruciale nel mantenimento di un'autostima sana. Circondarsi di persone che ci supportano e ci incoraggiano è fondamentale. Le relazioni positive forniscono un sostegno emotivo che può aiutare a superare i momenti di difficoltà e a mantenere una visione positiva di sé stessi. Al contrario, è utile limitare il tempo trascorso con persone critiche o tossiche che possono danneggiare l'autostima. Costruire una rete di supporto che valorizza e rispetta è essenziale per il benessere emotivo.

La cura di sé non deve essere trascurata. Prendersi cura del proprio corpo e della propria mente attraverso l'esercizio fisico, una dieta equilibrata e un adeguato riposo influisce positivamente sull'autostima. Sentirsi fisicamente bene rafforza il senso di autostima e aiuta a mantenere un atteggiamento positivo. Inoltre, dedicare tempo ad attività che procurano piacere e soddisfazione personale, come hobby o interessi creativi, può migliorare il benessere generale e sostenere una percezione positiva di sé.

È importante anche affrontare e risolvere i conflitti interiori. Spesso, la bassa autostima può derivare da conflitti non risolti del passato o da aspettative irrealistiche. La terapia o il counseling possono essere strumenti utili per esplorare e risolvere questi conflitti, aiutando a costruire una base più solida per l'autostima. Parlare con un professionista può fornire nuove prospettive e strategie per affrontare le sfide interne.

Infine, la gratitudine è una pratica potente per mantenere un'autostima sana. Riflettere quotidianamente su ciò che si apprezza di sé stessi e della propria vita può spostare l'attenzione dai difetti alle qualità positive. La gratitudine aiuta a mantenere una visione equilibrata e positiva di sé, favorendo un atteggiamento di apprezzamento piuttosto che di critica.

In conclusione, mantenere un'autostima sana nel tempo richiede pratiche quotidiane di autocompassione, consapevolezza, obiettivi realistici, supporto sociale, cura di sé, risoluzione dei conflitti interiori e gratitudine. Queste strategie contribuiscono a costruire e sostenere una percezione positiva di sé, permettendo di affrontare le sfide della vita con maggiore sicurezza e resilienza. Con un impegno costante verso il proprio benessere emotivo e mentale, è possibile mantenere un'autostima forte e stabile che supporta una vita equilibrata e soddisfacente.

Esercizi Pratici per Mantenere un'Autostima Sana

Per mettere in pratica le tecniche apprese nel capitolo sulla manutenzione dell'autostima nel tempo, è utile adottare esercizi specifici che possono essere integrati nella routine quotidiana. Questi esercizi sono progettati per promuovere un dialogo interno positivo, rafforzare la resilienza emotiva e costruire una solida autostima attraverso pratiche quotidiane.

Esercizio 1: Diario della Consapevolezza

Tenere un diario della consapevolezza può aiutarti a monitorare i tuoi pensieri e le tue emozioni, riconoscendo i modelli negativi e sostituendoli con prospettive più positive.

Istruzioni:

Scrivi ogni giorno: Dedica 10-15 minuti al giorno per scrivere le tue riflessioni. Annota le situazioni che ti hanno fatto sentire insicuro o fiducioso.

Riconosci i pensieri negativi: Identifica i pensieri negativi ricorrenti e cerca di capire da dove provengono.

Ristruttura i pensieri: Per ogni pensiero negativo, scrivi un pensiero positivo che lo contraddica. Ad esempio, se pensi "Non sono capace", sostituiscilo con "Sto imparando e migliorando ogni giorno".

Nota i progressi: Ogni settimana, rileggi le tue annotazioni per osservare i cambiamenti e i progressi nel tuo dialogo interno.

Esercizio 2: Meditazione della Gratitudine

La meditazione della gratitudine aiuta a focalizzare la mente sugli aspetti positivi della vita, migliorando l'umore e rafforzando l'autostima.

Istruzioni:

Trova un posto tranquillo: Siediti comodamente in un luogo tranquillo dove non sarai disturbato.

Chiudi gli occhi e respira: Inizia con alcuni respiri profondi per rilassarti.

Visualizza e rifletti: Pensa a tre cose per cui sei grato. Possono essere persone, esperienze o qualità personali. Visualizza ogni elemento e senti la gratitudine nel tuo cuore.

Pratica quotidiana: Dedica 5-10 minuti ogni giorno a questa pratica per sviluppare un atteggiamento di gratitudine e apprezzamento.

Esercizio 3: Affermazioni di Autocompassione

Le affermazioni di autocompassione aiutano a coltivare un atteggiamento gentile e comprensivo verso se stessi, specialmente nei momenti di difficoltà.

Istruzioni:

Identifica le affermazioni: Scrivi un elenco di affermazioni di autocompassione, come "Mi perdono per i miei errori" o "Merito amore e rispetto".

Ripeti ad alta voce: Ogni mattina e ogni sera, ripeti queste affermazioni ad alta voce davanti allo specchio. Guardati negli occhi mentre lo fai per rafforzare il messaggio.

Sentilo nel cuore: Cerca di sentire veramente il significato delle parole mentre le pronunci, permettendo alle affermazioni di penetrare profondamente nella tua mente e nel tuo cuore.

Esercizio 4: Obiettivi Settimanali Realistici

Stabilire e raggiungere obiettivi realistici può rafforzare la fiducia in se stessi e promuovere un senso di realizzazione.

Istruzioni:

Definisci gli obiettivi: Ogni domenica sera, scrivi tre obiettivi realistici che desideri raggiungere durante la settimana. Assicurati che siano specifici e raggiungibili.

Pianifica l'azione: Suddividi ogni obiettivo in piccoli passi e pianifica quando e come li realizzerai.

Monitora i progressi: Ogni sera, rifletti sui tuoi progressi e celebra ogni piccolo successo. Annota le difficoltà incontrate e come le hai affrontate.

Valuta e adatta: Alla fine della settimana, valuta i risultati ottenuti e adatta i tuoi obiettivi per la settimana successiva.

Esercizio 5: Pratica del Supporto Sociale

Costruire e mantenere relazioni positive è fondamentale per sostenere un'autostima sana.

Istruzioni:

Identifica le relazioni positive: Fai un elenco delle persone nella tua vita che ti supportano e ti incoraggiano.

Pianifica il tempo insieme: Ogni settimana, dedica del tempo di qualità a interagire con queste persone. Questo può includere chiamate, incontri di persona o attività condivise.

Offri supporto reciproco: Sii proattivo nel fornire supporto e incoraggiamento agli altri. La reciprocità nelle relazioni rafforza i legami e il senso di autostima.

Rifletti sulle interazioni: Dopo ogni interazione positiva, prendi qualche minuto per riflettere su come ti sei sentito e su come la relazione ha influenzato la tua autostima.

Questi esercizi pratici ti aiuteranno a mantenere un'autostima sana nel tempo, promuovendo un dialogo interno positivo, gratitudine, autocompassione, realizzazione degli obiettivi e supporto sociale. Integrare queste pratiche nella tua routine quotidiana contribuirà a sviluppare una solida autostima e a vivere una vita più equilibrata e soddisfacente.

"Se non sei capace di amarti, non sarai capace di amare nessun altro." - Dalai Lama

Capitolo 6

La Scienza della Felicità

Panoramica delle Ricerche Scientifiche sulla Felicità

La felicità è un tema che ha affascinato l'umanità per millenni, ma è solo negli ultimi decenni che la scienza ha iniziato a esplorarne le basi in modo sistematico. La psicologia positiva, una branca della psicologia che si concentra sullo studio delle condizioni e dei processi che contribuiscono al fiorire e al benessere umano, ha aperto nuove strade per comprendere la felicità attraverso un approccio scientifico. In questa panoramica, esploreremo alcune delle ricerche chiave che hanno gettato luce su cosa rende le persone felici.

Uno dei pionieri della psicologia positiva, Martin Seligman, ha sviluppato il modello PERMA, che identifica cinque elementi essenziali per il benessere: emozioni positive, impegno, relazioni, significato e realizzazione. Questo modello ha fornito una struttura per la ricerca scientifica sulla felicità, evidenziando come questi fattori interagiscono per contribuire al benessere complessivo. Gli studi di Seligman hanno dimostrato che coltivare questi aspetti nella vita quotidiana può aumentare significativamente i livelli di felicità.

Un altro contributo importante proviene da Daniel Kahneman, premio Nobel per l'economia, che ha esplorato la felicità attraverso la lente della psicologia e dell'economia comportamentale. Kahneman distingue tra "benessere esperienziale" e "benessere riflessivo". Il primo riguarda le esperienze di felicità nel momento presente, mentre il secondo si riferisce alla valutazione complessiva della propria vita. Le sue ricerche hanno rivelato che, sebbene il reddito e le risorse materiali possano influenzare il benessere esperienziale fino a un certo punto, la loro capacità di aumentare la felicità diminuisce oltre una soglia specifica. Questo fenomeno, noto come la "paradosso della felicità", suggerisce che i guadagni materiali non possono comprare la felicità a lungo termine.

Il lavoro di Ed Diener, spesso chiamato "Mr. Happiness", ha approfondito ulteriormente il tema della felicità soggettiva. Diener ha sviluppato strumenti di misurazione del benessere soggettivo, che sono stati utilizzati in numerosi studi in tutto il mondo. Le sue ricerche hanno evidenziato l'importanza delle relazioni sociali, della gratitudine e della gestione delle emozioni nel promuovere la felicità. Uno dei suoi studi più significativi ha dimostrato che le persone con forti relazioni sociali tendono a essere più felici e a vivere più a lungo rispetto a coloro che sono più isolati.

Il neuroscienziato Richard Davidson ha esplorato la felicità dal punto di vista delle neuroscienze. I suoi studi hanno dimostrato che il cervello delle persone felici presenta attività diverse rispetto a quello delle persone meno felici. In particolare, l'attività nella corteccia prefrontale sinistra è stata associata a emozioni positive e a un maggiore senso di benessere. Davidson ha anche scoperto che pratiche come la meditazione possono modificare l'attività cerebrale in modi che promuovono la felicità, suggerendo che la felicità può essere coltivata attraverso cambiamenti intenzionali nel comportamento e nel pensiero.

La ricerca di Sonja Lyubomirsky ha contribuito a comprendere come le persone possono aumentare la propria felicità attraverso attività quotidiane. Nel suo libro "The How of Happiness", Lyubomirsky descrive strategie pratiche basate su ricerche scientifiche, come praticare la gratitudine, coltivare l'ottimismo e impegnarsi in attività significative. I suoi studi hanno dimostrato che circa il 40% della felicità può essere influenzato dalle attività intenzionali, mentre il restante 60% è determinato da fattori genetici e circostanze di vita.

Infine, lo studio globale World Happiness Report, curato da John Helliwell, Richard Layard e Jeffrey Sachs, fornisce un'analisi annuale della felicità in tutto il mondo. Questo rapporto utilizza dati provenienti da sondaggi internazionali per classificare i paesi in base ai livelli di felicità e identificare i fattori che contribuiscono al benessere a livello nazionale. Le scoperte del rapporto hanno evidenziato l'importanza di fattori come il supporto sociale, la libertà di scelta, la generosità e la fiducia nelle istituzioni nel promuovere la felicità collettiva.

In sintesi, la ricerca scientifica sulla felicità ha rivelato che il benessere umano è influenzato da una combinazione di fattori psicologici, sociali ed economici. Comprendere questi fattori e applicare strategie basate su evidenze scientifiche può aiutare le persone a migliorare la propria felicità e a vivere una vita più soddisfacente. La scienza della felicità continua a evolversi, offrendo nuove intuizioni e strumenti per promuovere il benessere individuale e collettivo.

Fattori che Influenzano la Felicità

La felicità è un obiettivo universale e desiderato da tutti, ma i fattori che la influenzano possono essere complessi e vari. Diversi elementi, sia interni che esterni, giocano un ruolo cruciale nel determinare il nostro livello di felicità. Comprendere questi fattori può aiutarci a prendere decisioni più consapevoli e a coltivare una vita più soddisfacente.

Uno dei principali fattori che influenzano la felicità è la genetica. Studi condotti sui gemelli hanno mostrato che una parte significativa della nostra predisposizione alla felicità è ereditata. Questo non significa che il nostro livello di felicità sia predeterminato e immutabile, ma piuttosto che esiste una base genetica che può influenzare la nostra tendenza naturale verso emozioni positive o negative. Tuttavia, la genetica rappresenta solo una parte del quadro complessivo e non determina il nostro destino emotivo.

Le relazioni interpersonali sono un altro fattore cruciale. Le connessioni sociali significative e il supporto emotivo da parte di familiari, amici e partner possono avere un impatto profondamente positivo sulla nostra felicità. Le relazioni di qualità forniscono un senso di appartenenza e sostegno, riducendo lo stress e aumentando il benessere. La ricerca ha dimostrato che le persone con forti legami sociali tendono a essere più felici e a vivere più a lungo. Investire tempo ed energie nelle relazioni personali è quindi una strategia efficace per aumentare la felicità.

La salute fisica è strettamente legata alla felicità. Una buona salute permette di godere appieno delle attività quotidiane e riduce il carico di stress associato a malattie e disturbi fisici. L'esercizio fisico regolare, una dieta equilibrata e un adeguato riposo contribuiscono a mantenere il corpo in buona forma e migliorano l'umore. Inoltre, la salute mentale è altrettanto importante. Pratiche come la meditazione, la mindfulness e la gestione dello stress possono promuovere un benessere emotivo duraturo.

Le circostanze economiche possono influenzare la felicità, ma in modi più complessi di quanto si possa pensare. Sebbene un reddito sufficiente per soddisfare i bisogni di base e garantire una certa sicurezza economica sia importante, la ricerca ha dimostrato che l'incremento della felicità tende a diminuire oltre un certo livello di reddito. Questo fenomeno, noto come il "paradosso della felicità", suggerisce che, una volta raggiunto un livello di reddito che copre le necessità fondamentali, ulteriori aumenti di ricchezza hanno un impatto minore sulla felicità complessiva. La qualità della vita, le esperienze significative e le relazioni personali diventano fattori più determinanti.

Il senso di scopo e significato nella vita è un altro elemento fondamentale. Avere obiettivi chiari e sentirsi impegnati in attività che percepiamo come significative può aumentare notevolmente il nostro senso di felicità. Questo può derivare dal lavoro, da hobby, dal volontariato o da qualsiasi attività che ci faccia sentire realizzati e connessi a qualcosa di più grande di noi stessi. Le persone che trovano un significato nelle loro azioni quotidiane tendono a riportare livelli più alti di soddisfazione e benessere.

La gratitudine è una pratica che ha dimostrato di avere effetti positivi sulla felicità. Essere grati per le cose buone nella nostra vita, anche quelle più piccole, ci aiuta a focalizzarci sugli aspetti positivi e a ridurre il peso delle difficoltà. Tenere un diario della gratitudine, in cui ogni giorno annotiamo ciò per cui siamo grati, può migliorare il nostro umore e aumentare il nostro livello di felicità nel tempo.

La capacità di adattamento è un altro fattore importante. La vita è piena di cambiamenti e sfide, e la nostra capacità di adattarci a nuove circostanze può influenzare il nostro benessere. Le persone resilienti, che riescono a vedere le difficoltà come opportunità di crescita e a mantenere una prospettiva positiva nonostante gli ostacoli, tendono a essere più felici.

In conclusione, la felicità è influenzata da una combinazione di fattori genetici, relazionali, fisici, economici, esistenziali e psicologici. Sebbene alcuni di questi fattori possano essere fuori dal nostro controllo, molti altri possono essere gestiti e coltivati attraverso scelte consapevoli e pratiche quotidiane. Investire nelle relazioni, prendersi cura della propria salute, trovare significato nelle proprie azioni e praticare la gratitudine sono tutte strategie efficaci per migliorare e mantenere la felicità nel tempo.

Differenze tra Felicità e Soddisfazione di Vita

Nel contesto della psicologia positiva, la felicità e la soddisfazione di vita sono spesso discussi come concetti correlati, ma distinti. Comprendere le differenze tra questi due stati emotivi è essenziale per sviluppare strategie efficaci per migliorare il benessere complessivo.

La felicità è generalmente considerata come un'emozione momentanea e soggettiva, caratterizzata da sentimenti di gioia, piacere e contentezza. È un'esperienza immediata e transitoria, influenzata da eventi e circostanze del presente. Ad esempio, una giornata di sole, una piacevole conversazione con un amico o il godimento di un pasto delizioso possono suscitare sentimenti di felicità. Questo tipo di felicità è spesso legato alle emozioni positive che viviamo quotidianamente e può variare significativamente da un momento all'altro.

La soddisfazione di vita, invece, è un concetto più ampio e riflette una valutazione complessiva della propria esistenza. È una percezione più stabile e duratura del benessere personale, che si basa su una riflessione retrospettiva e una valutazione razionale di come la propria vita soddisfi le aspettative, i desideri e i valori personali. La soddisfazione di vita è influenzata da fattori come il raggiungimento di obiettivi a lungo termine, le relazioni significative, il senso di realizzazione e il significato trovato nelle proprie attività. Ad esempio, una persona potrebbe sentirsi generalmente soddisfatta della propria vita se ha una carriera gratificante, una famiglia amorevole e un senso di scopo.

Una delle principali differenze tra felicità e soddisfazione di vita riguarda la loro temporalità. La felicità è un'esperienza che si vive nel presente, mentre la soddisfazione di vita è una valutazione che si fa nel corso del tempo. Questo implica che si può sperimentare felicità senza necessariamente sentirsi soddisfatti della propria vita nel complesso, e viceversa. Ad esempio, si potrebbe provare gioia in un momento specifico, come durante una vacanza, ma sentirsi insoddisfatti riguardo alla carriera o alle relazioni personali.

Un altro aspetto distintivo è la loro base emotiva e cognitiva. La felicità è principalmente emotiva e si manifesta attraverso sentimenti positivi. La soddisfazione di vita, invece, è più cognitiva e riflessiva, derivando da una valutazione consapevole e razionale della propria esistenza. Questa distinzione è importante perché le strategie per aumentare la felicità e la soddisfazione di vita possono differire. Per migliorare la felicità, si possono cercare esperienze piacevoli e momenti di gioia quotidiani. Per aumentare la soddisfazione di vita, invece, potrebbe essere necessario lavorare su obiettivi a lungo termine, costruire relazioni significative e trovare un senso di scopo.

Le ricerche nel campo della psicologia positiva hanno dimostrato che sia la felicità che la soddisfazione di vita contribuiscono al benessere generale, ma in modi diversi. La felicità quotidiana fornisce energia e motivazione, rendendo le attività giornaliere più piacevoli. La soddisfazione di vita, d'altra parte, offre una sensazione di stabilità e realizzazione, contribuendo a una prospettiva positiva a lungo termine.

È anche interessante notare che le persone possono avere differenti livelli di felicità e soddisfazione di vita a seconda delle circostanze e delle loro priorità personali. Alcuni possono valorizzare maggiormente le esperienze di felicità momentanea, mentre altri possono dare più importanza alla soddisfazione complessiva della vita. Riconoscere queste differenze può aiutare a personalizzare le strategie di benessere per meglio adattarsi alle proprie esigenze e desideri.

In conclusione, la felicità e la soddisfazione di vita sono componenti essenziali del benessere umano, ma rappresentano aspetti distinti della nostra esperienza emotiva e cognitiva. La felicità è un'emozione momentanea e soggettiva, mentre la soddisfazione di vita è una valutazione complessiva e duratura della propria esistenza. Comprendere e bilanciare questi due aspetti può aiutare a vivere una vita più equilibrata e soddisfacente, promuovendo sia il piacere immediato che la realizzazione a lungo termine.

Ruolo delle Emozioni Positive nel Benessere

Le emozioni positive giocano un ruolo cruciale nel promuovere il benessere e la qualità della vita. Mentre le emozioni negative sono spesso più evidenti e immediatamente percepibili, quelle positive hanno un impatto profondo e duraturo sul nostro stato emotivo, cognitivo e fisico. Comprendere l'importanza delle emozioni positive e il loro effetto sul benessere può aiutarci a coltivarle consapevolmente nella nostra vita quotidiana.

Una delle teorie più influenti in questo campo è la "Broaden-and-Build Theory" di Barbara Fredrickson. Secondo questa teoria, le emozioni positive, come la gioia, la gratitudine, la serenità e la speranza, ampliano i nostri orizzonti cognitivi e comportamentali. Quando sperimentiamo emozioni positive, diventiamo più aperti a nuove idee, più creativi e più inclini a esplorare il mondo che ci circonda. Questo ampliamento delle nostre capacità cognitive ci consente di costruire risorse durature, come abilità personali, relazioni sociali e resilienza emotiva, che ci aiutano a gestire meglio le avversità e a prosperare nel lungo termine.

Le emozioni positive migliorano anche la nostra salute fisica. Numerosi studi hanno dimostrato che le persone che sperimentano frequentemente emozioni positive tendono ad avere un sistema immunitario più forte, una pressione sanguigna più bassa e una minore incidenza di malattie cardiovascolari. Questo è in parte dovuto al fatto che le emozioni positive riducono i livelli di stress e infiammazione nel corpo, creando un ambiente biologico più favorevole alla salute. Inoltre, le persone che provano emozioni positive sono più propense a praticare comportamenti salutari, come fare esercizio fisico regolare, seguire una dieta equilibrata e dormire adeguatamente, tutti fattori che contribuiscono a un benessere fisico ottimale.

Le relazioni interpersonali beneficiano notevolmente delle emozioni positive. La gioia, l'amore, la gratitudine e l'empatia rafforzano i legami sociali e migliorano la qualità delle interazioni con gli altri. Le emozioni positive favoriscono la cooperazione, la generosità e la comprensione reciproca, creando un ciclo virtuoso in cui le relazioni diventano una fonte di supporto e felicità continua. Le persone che coltivano emozioni positive nelle loro relazioni tendono a essere più soddisfatte e a mantenere legami più forti e duraturi.

Dal punto di vista cognitivo, le emozioni positive migliorano la nostra capacità di risolvere problemi e di prendere decisioni. Quando siamo di buon umore, siamo più creativi e flessibili nel pensiero, il che ci permette di trovare soluzioni innovative alle sfide che affrontiamo. Questo stato mentale facilitato dalle emozioni positive ci aiuta anche a essere più resilienti, poiché siamo in grado di vedere le difficoltà da una prospettiva più ampia e di trovare significato e opportunità anche nelle situazioni avverse.

Le emozioni positive, inoltre, contribuiscono a costruire una mentalità di crescita. Quando sperimentiamo emozioni come l'entusiasmo e la speranza, siamo più motivati a imparare nuove abilità, a perseguire obiettivi ambiziosi e a vedere i fallimenti come opportunità di crescita piuttosto che come segni di inadeguatezza. Questa mentalità ci spinge a cercare continuamente il miglioramento personale e a sviluppare una maggiore resilienza di fronte alle sfide.

Pratiche quotidiane come la gratitudine, la meditazione mindfulness e l'auto-compassione possono aumentare significativamente il livello di emozioni positive nella nostra vita. Tenere un diario della gratitudine, ad esempio, può aiutarci a focalizzarci sugli aspetti positivi della nostra giornata e a coltivare un atteggiamento più ottimista. La meditazione mindfulness ci aiuta a essere presenti nel momento e a godere delle piccole gioie della vita quotidiana. L'auto-compassione ci permette di trattarci con gentilezza e comprensione, riducendo l'autocritica e aumentando la nostra capacità di sperimentare emozioni positive.

In conclusione, le emozioni positive sono fondamentali per il benessere globale. Ampliano la nostra prospettiva mentale, migliorano la salute fisica, rafforzano le relazioni interpersonali e potenziano la nostra capacità di affrontare le sfide. Coltivare consapevolmente le emozioni positive attraverso pratiche quotidiane può portare a una vita più soddisfacente, equilibrata e felice. Investire nel nostro benessere emotivo è uno dei modi più efficaci per migliorare la qualità della nostra vita e raggiungere un senso duraturo di felicità e realizzazione.

Come Creare Abitudini che Promuovono la Felicità

Creare abitudini che promuovono la felicità richiede consapevolezza, impegno e azioni deliberate. Le abitudini positive non solo migliorano il nostro benessere quotidiano, ma costruiscono anche una base solida per una vita lunga e soddisfacente. Esploriamo alcune strategie efficaci per integrare queste abitudini nella nostra routine quotidiana e vivere una vita più felice.

Uno dei primi passi per creare abitudini che promuovono la felicità è identificare le attività che ci portano gioia e soddisfazione. Questo può includere pratiche come la gratitudine, l'esercizio fisico, la meditazione e il tempo trascorso con persone care. Capire ciò che funziona per noi individualmente è fondamentale, poiché la felicità non è una formula unica per tutti. Tenere un diario delle attività quotidiane e riflettere su come ci fanno sentire può aiutare a individuare le abitudini che vale la pena coltivare.

La gratitudine è una delle abitudini più potenti per aumentare la felicità. Prendersi il tempo ogni giorno per riflettere su ciò per cui siamo grati ci aiuta a focalizzarci sugli aspetti positivi della vita, riducendo lo stress e aumentando il benessere emotivo. Scrivere tre cose per cui siamo grati ogni sera, o condividere le nostre gratitudini con un amico o un familiare, può diventare un rituale che nutre la nostra felicità a lungo termine.

L'esercizio fisico è un'altra abitudine cruciale. Numerosi studi hanno dimostrato che l'attività fisica regolare non solo migliora la salute fisica, ma ha anche effetti benefici sulla salute mentale. L'esercizio rilascia endorfine, i cosiddetti "ormoni della felicità", che migliorano l'umore e riducono i sintomi di ansia e depressione. Trovare un tipo di esercizio che ci piace, come camminare, correre, nuotare o fare yoga, e integrarlo nella nostra routine quotidiana può fare una grande differenza nel nostro benessere complessivo.

La meditazione e la mindfulness sono pratiche che possono trasformare il nostro approccio alla vita. Praticare la meditazione quotidianamente ci aiuta a diventare più consapevoli dei nostri pensieri e delle nostre emozioni, promuovendo una mente calma e centrata. La mindfulness, che implica vivere pienamente il momento presente senza giudizio, ci permette di godere di ogni esperienza e di ridurre lo stress. Anche solo pochi minuti al giorno dedicati a queste pratiche possono portare a miglioramenti significativi nella nostra qualità della vita.

Investire nelle relazioni sociali è essenziale per la felicità. Le connessioni umane autentiche e significative forniscono supporto emotivo e senso di appartenenza, elementi cruciali per il benessere. Dedicare tempo a costruire e mantenere relazioni positive, che si tratti di amici, familiari o partner, arricchisce la nostra vita e ci rende più resilienti di fronte alle difficoltà. Organizzare regolarmente incontri sociali, conversazioni significative e momenti di condivisione può diventare un'abitudine che rafforza i legami e nutre la felicità.

Il sonno è un altro componente vitale per il benessere. Una buona qualità del sonno è essenziale per la salute mentale e fisica. Creare una routine del sonno coerente, evitare dispositivi elettronici prima di dormire e assicurarsi che l'ambiente sia confortevole e rilassante può migliorare significativamente la qualità del riposo. Un sonno adeguato ci permette di affrontare le giornate con energia e positività.

Infine, coltivare un atteggiamento di crescita e apprendimento continuo può contribuire alla nostra felicità. Impegnarsi in attività che stimolano la mente, come leggere, imparare nuove abilità o esplorare nuovi interessi, ci mantiene mentalmente attivi e curiosi. Questo atteggiamento promuove un senso di realizzazione e soddisfazione personale, elementi chiave per una vita felice.

In conclusione, creare abitudini che promuovono la felicità richiede consapevolezza e impegno. Identificare le attività che ci portano gioia, praticare la gratitudine, mantenere una routine di esercizio fisico, meditare, investire nelle relazioni sociali, curare il sonno e coltivare un atteggiamento di crescita sono tutte strategie efficaci per migliorare il nostro benessere quotidiano. Integrando queste abitudini nella nostra vita, possiamo costruire una base solida per una felicità duratura e una vita piena di significato.

Esercizi Pratici per Creare Abitudini che Promuovono la Felicità

Per mettere in pratica le strategie apprese nel capitolo sulla creazione di abitudini che promuovono la felicità, è utile adottare esercizi specifici che possano essere integrati nella routine quotidiana. Questi esercizi sono progettati per coltivare la gratitudine, migliorare la salute fisica e mentale, rafforzare le relazioni sociali, e promuovere un atteggiamento di crescita. Ecco alcuni esercizi pratici che puoi iniziare a fare subito.

Esercizio 1: Diario della Gratitudine

Tenere un diario della gratitudine è un modo efficace per focalizzarsi sugli aspetti positivi della vita e migliorare il benessere emotivo.

Istruzioni:

Trova un momento tranquillo: Ogni sera, prendi 5-10 minuti per riflettere sulla tua giornata.

Scrivi tre cose: Annota tre cose per cui sei grato. Possono essere eventi, persone, o semplicemente momenti di gioia.

Dettagli e riflessioni: Scrivi brevi dettagli su perché queste cose ti rendono grato e come ti fanno sentire.

Revisione settimanale: Ogni settimana, rileggi ciò che hai scritto per rinforzare i sentimenti positivi.

Esercizio 2: Routine di Esercizio Fisico

Integrare l'esercizio fisico nella tua routine quotidiana può migliorare sia la salute fisica che mentale.

Istruzioni:

Scegli un'attività piacevole: Trova un tipo di esercizio che ti piace, come camminare, correre, nuotare o fare yoga.

Programma settimanale: Dedica almeno 30 minuti, tre volte a settimana, a questa attività. Puoi aumentare gradualmente la frequenza e la durata.

Monitora i progressi: Tieni traccia delle tue sessioni di esercizio in un diario o con un'app per il fitness. Annota come ti senti dopo ogni sessione.

Coinvolgi un amico: Esercitarsi con un amico può rendere l'attività più piacevole e aiutarti a rimanere motivato.

Esercizio 3: Meditazione Mindfulness

La meditazione mindfulness può aiutarti a sviluppare una maggiore consapevolezza e a ridurre lo stress.

Istruzioni:

Trova un luogo tranquillo: Siediti comodamente in un posto tranquillo, chiudi gli occhi e rilassati.

Concentrati sul respiro: Porta l'attenzione al tuo respiro, sentendo l'aria entrare e uscire dal tuo corpo.

Osserva senza giudizio: Nota i pensieri e le sensazioni che emergono senza giudicarli. Se la tua mente vaga, riportala gentilmente al respiro.

Durata: Inizia con 5 minuti al giorno e aumenta gradualmente il tempo a 20 minuti.

Esercizio 4: Costruire Relazioni Positive

Investire nelle relazioni sociali può migliorare il tuo benessere emotivo e creare un senso di appartenenza.

Istruzioni:

Pianifica incontri regolari: Organizza incontri settimanali con amici o familiari. Possono essere cene, passeggiate o semplici chiacchierate.

Ascolto attivo: Durante le conversazioni, pratica l'ascolto attivo. Focalizzati su ciò che l'altra persona sta dicendo senza interrompere o giudicare.

Esprimi apprezzamento: Ogni settimana, fai sapere a una persona cara quanto la apprezzi. Può essere attraverso un messaggio, una chiamata o di persona.

Partecipa a gruppi o comunità: Unisciti a gruppi di interesse o comunità locali per incontrare nuove persone e costruire nuove relazioni.

Esercizio 5: Imparare qualcosa di nuovo

Coltivare un atteggiamento di crescita e apprendimento continuo può arricchire la tua vita e aumentare la soddisfazione personale.

Istruzioni:

Scegli un'abilità o un interesse: Identifica qualcosa che ti piacerebbe imparare, come una lingua straniera, uno strumento musicale o una nuova ricetta.

Programma di apprendimento: Dedica almeno 20-30 minuti al giorno all'apprendimento. Puoi utilizzare risorse online, libri, o corsi.

Documenta i progressi: Tieni un diario o un registro dei tuoi progressi. Annota le sfide affrontate e le nuove competenze acquisite.

Condividi le tue conoscenze: Insegna ciò che hai imparato a qualcuno o partecipa a gruppi di studio per rafforzare le tue nuove abilità.

In conclusione, questi esercizi pratici possono aiutarti a creare abitudini che promuovono la felicità e il benessere. Integrarli nella tua routine quotidiana ti permetterà di vivere una vita più equilibrata, soddisfacente e felice. Con costanza e impegno, queste pratiche diventeranno parte integrante del tuo stile di vita, migliorando la tua qualità della vita nel lungo termine.

"La felicità non è una meta, è uno stile di vita." - Burton Hills

Capitolo 7

Relazioni Positive e Supporto Sociale

Importanza delle Relazioni Interpersonali per il Benessere

Le relazioni interpersonali sono fondamentali per il benessere umano. Sin dai tempi antichi, l'uomo è stato un animale sociale, e le connessioni con gli altri hanno giocato un ruolo cruciale nella nostra sopravvivenza e prosperità. Oggi, la scienza conferma che le relazioni di qualità non solo arricchiscono la nostra vita emotivamente, ma sono anche essenziali per la nostra salute fisica e mentale.

Uno degli aspetti più evidenti dell'importanza delle relazioni interpersonali è il supporto emotivo che esse forniscono. Le relazioni strette con familiari, amici e partner offrono un rifugio sicuro in cui possiamo esprimere i nostri sentimenti, condividere le nostre gioie e affrontare le nostre paure. Questo supporto è vitale durante i momenti di stress e difficoltà, poiché sapere di poter contare su qualcuno che ci comprende e ci sostiene può ridurre significativamente l'ansia e la depressione. Inoltre, il semplice atto di parlare con qualcuno di fiducia può avere un effetto terapeutico, aiutandoci a vedere le cose da nuove prospettive e a trovare soluzioni ai problemi.

Le relazioni interpersonali positive contribuiscono anche a costruire una forte autostima. Sentirsi amati, accettati e apprezzati dagli altri ci fa sentire valorizzati e importanti. Questo senso di valore personale rinforza la nostra autostima e ci rende più resilienti di fronte alle sfide della vita. Le relazioni sane promuovono un feedback positivo e ci incoraggiano a perseguire i nostri obiettivi e a sviluppare le nostre potenzialità. Sapere che ci sono persone che credono in noi può dare un enorme impulso alla nostra motivazione e alla nostra fiducia in noi stessi.

Le relazioni sociali hanno anche un impatto diretto sulla salute fisica. Numerosi studi hanno dimostrato che le persone con relazioni sociali forti tendono a vivere più a lungo e a godere di una salute migliore rispetto a quelle che sono socialmente isolate. Le connessioni sociali aiutano a ridurre lo stress, che è noto per avere effetti negativi sulla salute cardiovascolare e sul sistema immunitario. Inoltre, il supporto sociale può incoraggiarci a mantenere comportamenti salutari, come fare esercizio fisico, mangiare bene e sottoporci a controlli medici regolari. Le persone che hanno una rete di supporto sono anche meno inclini a sviluppare abitudini dannose come il fumo o l'abuso di alcol.

Un altro aspetto cruciale delle relazioni interpersonali è il senso di appartenenza che esse conferiscono. Appartenere a un gruppo o a una comunità offre un'identità condivisa e un senso di scopo. Questo senso di appartenenza è fondamentale per il nostro benessere emotivo, poiché ci fa sentire parte di qualcosa di più grande di noi stessi. Le relazioni significative creano legami che ci danno forza e sicurezza, permettendoci di affrontare la vita con maggiore serenità e fiducia.

Le relazioni interpersonali non sono statiche; richiedono cura, attenzione e tempo per svilupparsi e mantenersi. Investire nelle relazioni significa dedicare tempo agli altri, ascoltare attivamente, mostrare empatia e gratitudine e risolvere i conflitti in modo costruttivo. Questi sforzi non solo rafforzano i legami esistenti, ma creano anche nuove opportunità per connessioni significative.

È importante sottolineare che la qualità delle relazioni è più importante della quantità. Avere molte conoscenze superficiali non è lo stesso che avere poche relazioni profonde e significative. Le relazioni di qualità si basano sulla fiducia, sul rispetto reciproco e sulla comunicazione aperta. Questi elementi creano un terreno fertile per una crescita personale e un benessere duraturo.

In sintesi, le relazioni interpersonali sono un pilastro essenziale del benessere. Esse forniscono supporto emotivo, rafforzano l'autostima, migliorano la salute fisica e offrono un senso di appartenenza. Investire nelle relazioni di qualità è una delle strategie più efficaci per vivere una vita più felice e soddisfacente. Attraverso la cura e l'attenzione alle nostre connessioni sociali, possiamo creare un ambiente che nutre il nostro benessere e quello delle persone che ci circondano.

Come Costruire e Mantenere Relazioni Positive

Costruire e mantenere relazioni positive è fondamentale per il benessere personale e collettivo. Le relazioni significative non solo migliorano la qualità della vita, ma sono anche un pilastro del nostro supporto emotivo. Tuttavia, coltivare queste relazioni richiede tempo, sforzo e un impegno consapevole. Esploriamo alcune strategie efficaci per sviluppare e mantenere legami positivi e duraturi.

La base di qualsiasi relazione positiva è la comunicazione aperta e onesta. La comunicazione efficace implica non solo parlare, ma anche ascoltare attentamente. L'ascolto attivo è un'abilità fondamentale che permette di capire veramente l'altra persona e di rispondere in modo empatico e rispettoso. Quando ascoltiamo con attenzione, dimostriamo che valorizziamo i sentimenti e le opinioni degli altri, creando un terreno fertile per la fiducia reciproca. Per migliorare la comunicazione, è utile evitare di interrompere, mantenere il contatto visivo e mostrare interesse attraverso domande e risposte adeguate.

L'empatia è un altro ingrediente cruciale. Essere empatici significa mettere da parte i propri pregiudizi e cercare di vedere le cose dalla prospettiva dell'altra persona. Questo aiuta a creare un senso di connessione e comprensione profonda. L'empatia favorisce un ambiente in cui le persone si sentono libere di esprimere se stesse senza paura di essere giudicate. Per coltivare l'empatia, è utile praticare la riflessione sulle proprie emozioni e quelle degli altri, e cercare di rispondere con gentilezza e comprensione.

La fiducia è la colonna portante di ogni relazione solida. Costruire fiducia richiede coerenza, onestà e affidabilità. Mantenere le promesse e mostrarsi coerenti nelle proprie azioni e parole rafforza la fiducia nel tempo. La fiducia può essere facilmente danneggiata, ma richiede tempo per essere costruita. Pertanto, è essenziale essere trasparenti e sinceri, anche quando si tratta di ammettere i propri errori.

La gratitudine e l'apprezzamento sono potenti strumenti per rafforzare le relazioni. Mostrare gratitudine per i piccoli gesti e le qualità positive degli altri non solo rende felice chi riceve l'apprezzamento, ma rafforza anche il legame reciproco. Espressioni di gratitudine possono essere semplici, come un ringraziamento sincero, un messaggio di apprezzamento o un gesto gentile. La gratitudine crea un circolo virtuoso di positività che nutre la relazione.

Risolvere i conflitti in modo costruttivo è essenziale per mantenere relazioni sane. I conflitti sono inevitabili, ma come vengono gestiti può fare la differenza. Affrontare i problemi con calma, evitando accuse e attacchi personali, e cercando soluzioni che soddisfino entrambe le parti, aiuta a superare le difficoltà senza danneggiare la relazione. È importante comunicare chiaramente i propri sentimenti e bisogni, ascoltare l'altra persona e lavorare insieme per trovare un compromesso.

Investire tempo e sforzi nelle relazioni è fondamentale. La vita frenetica può rendere difficile trovare tempo per gli altri, ma è importante fare delle relazioni una priorità. Pianificare regolarmente momenti di qualità con amici, familiari e partner aiuta a mantenere i legami forti e a creare ricordi positivi. Questo può includere attività condivise, conversazioni profonde o semplicemente trascorrere del tempo insieme senza distrazioni.

Infine, coltivare una mentalità di crescita e apprendimento continuo nelle relazioni è vitale. Le persone cambiano e crescono nel tempo, e le relazioni devono adattarsi a queste evoluzioni. Essere aperti al cambiamento, disposti a imparare e a migliorare continuamente il modo in cui ci relazioniamo con gli altri, favorisce relazioni durature e resilienti. La disponibilità a lavorare su se stessi e a migliorare le proprie abilità relazionali è un segno di rispetto e amore per gli altri.

In conclusione, costruire e mantenere relazioni positive richiede impegno, comunicazione efficace, empatia, fiducia, gratitudine e capacità di risolvere i conflitti. Investire tempo e sforzi in questi aspetti ci permette di creare legami forti e significativi che migliorano la qualità della nostra vita e contribuiscono al nostro benessere complessivo. Le relazioni positive non solo ci sostengono nei momenti difficili, ma arricchiscono anche i nostri giorni di gioia e significato.

L'Arte dell'Ascolto Attivo

L'ascolto attivo è una competenza essenziale che può trasformare profondamente la qualità delle nostre relazioni. A differenza dell'ascolto passivo, l'ascolto attivo richiede un impegno consapevole nel comprendere il messaggio dell'interlocutore, sia esso verbale o non verbale. Questa pratica non solo migliora la comunicazione, ma costruisce fiducia, empatia e una connessione più profonda tra le persone.

L'ascolto attivo inizia con l'attenzione totale verso l'interlocutore. Questo significa mettere da parte le distrazioni, come telefoni cellulari o pensieri su altre questioni, e concentrarsi pienamente sulla persona che sta parlando. Mantenere il contatto visivo è fondamentale, poiché segnala all'altro che siamo presenti e interessati. Inoltre, è utile annuire o usare altre espressioni facciali che dimostrino coinvolgimento e comprensione.

Un aspetto cruciale dell'ascolto attivo è l'empatia. Cercare di mettersi nei panni dell'altra persona aiuta a comprendere meglio il suo punto di vista e le sue emozioni. Questo non significa necessariamente essere d'accordo con tutto ciò che l'altro dice, ma piuttosto riconoscere e rispettare le sue esperienze e sentimenti. Esprimere empatia può essere fatto verbalmente, con frasi come "Capisco come ti senti" o "Mi sembra che tu stia passando un momento difficile". Queste espressioni mostrano che siamo attenti e che ci preoccupiamo per il benessere dell'altro.

L'ascolto attivo richiede anche la capacità di porre domande aperte. Questo tipo di domande incoraggia l'interlocutore a esprimersi più ampiamente e a esplorare i propri pensieri e sentimenti. Ad esempio, invece di chiedere "Sei arrabbiato?", si potrebbe chiedere "Come ti senti riguardo a quello che è successo?". Le domande aperte non solo dimostrano interesse genuino, ma possono anche aiutare l'altro a chiarire e comprendere meglio le proprie emozioni.

Un'altra componente dell'ascolto attivo è la riflessione. Riflettere significa ripetere o parafrasare ciò che l'interlocutore ha detto, per confermare la nostra comprensione e per dare all'altro la possibilità di correggere eventuali malintesi. Ad esempio, si potrebbe dire "Quindi, se ho capito bene, ti senti frustrato perché il tuo lavoro non è stato riconosciuto". Questo non solo mostra che stiamo ascoltando attentamente, ma anche che siamo impegnati a comprendere veramente l'altro.

È importante anche riconoscere i segnali non verbali durante l'ascolto attivo. Molto della comunicazione avviene attraverso gesti, postura, espressioni facciali e tono di voce. Essere attenti a questi segnali può offrire ulteriori indizi su come si sente l'interlocutore e su ciò che sta cercando di comunicare. Ad esempio, una persona che evita il contatto visivo o che ha una postura chiusa potrebbe sentirsi a disagio o difensiva.

L'ascolto attivo non è solo una tecnica da applicare occasionalmente, ma dovrebbe diventare una parte integrata del nostro modo di comunicare quotidianamente. Questo richiede pratica e consapevolezza continua, poiché è facile ricadere nell'ascolto passivo, specialmente quando siamo stressati o distratti. Tuttavia, gli sforzi per migliorare le nostre capacità di ascolto attivo porteranno benefici significativi alle nostre relazioni.

Un effetto collaterale positivo dell'ascolto attivo è che spesso viene ricambiato. Quando dimostriamo di essere buoni ascoltatori, incoraggiamo gli altri a fare lo stesso con noi. Questo crea un ciclo di comunicazione positiva e reciproca, dove entrambe le parti si sentono ascoltate e comprese, rafforzando così il legame e la fiducia reciproca.

In conclusione, l'ascolto attivo è un'arte che richiede pratica, impegno e una predisposizione all'empatia. Non solo migliora la qualità delle nostre interazioni quotidiane, ma costruisce anche relazioni più profonde e significative. Imparare a ascoltare attivamente ci aiuta a diventare migliori partner, amici, colleghi e membri della comunità, arricchendo così la nostra vita e quella delle persone intorno a noi.

Come Sviluppare Empatia

L'empatia è la capacità di comprendere e condividere i sentimenti degli altri, un'abilità che può trasformare le relazioni interpersonali e migliorare il benessere emotivo. Sviluppare l'empatia richiede consapevolezza, pratica e una genuina volontà di connettersi con gli altri a un livello profondo. Scopriamo insieme come coltivare questa preziosa qualità.

Il primo passo per sviluppare empatia è coltivare la consapevolezza di sé. Questo significa essere in sintonia con le proprie emozioni e comprendere come influenzano i propri pensieri e comportamenti. La pratica della mindfulness può essere molto utile in questo senso. Essere presenti nel momento, osservare le proprie reazioni emotive senza giudizio, e riflettere su ciò che si prova, permette di acquisire una maggiore consapevolezza delle proprie esperienze interiori. Questa consapevolezza è il fondamento per comprendere meglio anche le emozioni degli altri.

Un altro aspetto cruciale è l'ascolto attivo. Quando ascoltiamo attentamente gli altri, senza interrompere o giudicare, creiamo uno spazio in cui si sentono valorizzati e compresi. L'ascolto attivo implica concentrare tutta la nostra attenzione sull'interlocutore, osservare i segnali non verbali e rispondere in modo che dimostriamo di aver veramente compreso il loro messaggio. Parafrasare ciò che l'altro ha detto e fare domande aperte per approfondire la comprensione sono tecniche efficaci per migliorare la comunicazione e rafforzare l'empatia.

Praticare la prospettiva è un'altra tecnica importante. Questo implica cercare di vedere le situazioni dal punto di vista dell'altra persona. Chiedersi "Come mi sentirei se fossi nei suoi panni?" può aprire nuovi orizzonti di comprensione e aiutare a sviluppare una connessione emotiva più profonda. Questo non significa necessariamente essere d'accordo con l'altra persona, ma riconoscere e rispettare le loro esperienze e sentimenti. La capacità di mettersi nei panni degli altri richiede apertura mentale e un'attitudine non giudicante.

La lettura di narrativa è un modo sorprendentemente efficace per sviluppare empatia. Studi hanno dimostrato che immergersi in storie e personaggi complessi può migliorare la capacità di comprendere e condividere le emozioni degli altri. Attraverso i libri, possiamo vivere esperienze diverse dalle nostre e vedere il mondo attraverso occhi diversi. Questo esercizio mentale ci prepara meglio a essere empatici nella vita reale, poiché amplia la nostra capacità di immaginare le prospettive altrui.

Il volontariato e le esperienze di servizio alla comunità possono anche essere potenti catalizzatori per l'empatia. Aiutare persone in difficoltà o coinvolgersi in cause sociali ci espone a diverse realtà e ci insegna a vedere l'umanità condivisa in ogni individuo. Queste esperienze non solo accrescono la nostra comprensione degli altri, ma rinforzano anche il senso di connessione e solidarietà.

L'autocompassione è strettamente legata all'empatia. Trattarsi con gentilezza e comprensione, soprattutto nei momenti di difficoltà, migliora la capacità di fare lo stesso con gli altri. La ricerca mostra che le persone che praticano l'autocompassione sono più empatiche e meno critiche verso gli altri. Quindi, coltivare una relazione positiva con se stessi è un passo fondamentale per sviluppare empatia.

Infine, è essenziale ricordare che l'empatia è una competenza che si può migliorare con la pratica continua. Ogni interazione umana è un'opportunità per esercitarsi. Riflettere su come possiamo essere più empatici nelle nostre relazioni quotidiane e fare sforzi consapevoli per capire e sostenere gli altri può fare una grande differenza. Anche piccole azioni, come offrire un sorriso, un gesto di gentilezza o un ascolto attento, contribuiscono a costruire un mondo più empatico e connesso.

In conclusione, sviluppare empatia è un viaggio che richiede consapevolezza, ascolto attivo, pratica della prospettiva, lettura di narrativa, volontariato e autocompassione. Queste pratiche ci aiutano a connetterci più profondamente con gli altri e a creare relazioni più significative e soddisfacenti. L'empatia non solo migliora il benessere delle persone che ci circondano, ma arricchisce anche la nostra vita, rendendola più piena e appagante.

Strategie per Rafforzare il Supporto Sociale

Il supporto sociale è uno degli elementi più importanti per il benessere psicologico e fisico. Le connessioni con amici, familiari e comunità forniscono una rete di sostegno che può aiutare a superare le difficoltà, migliorare la resilienza e aumentare la qualità della vita. Rafforzare il supporto sociale richiede intenzionalità e azioni concrete. Esploriamo alcune strategie efficaci per costruire e mantenere una rete di supporto forte e duratura.

Un punto di partenza fondamentale è coltivare relazioni esistenti. Spesso, le amicizie e i legami familiari richiedono tempo e attenzione per prosperare. Dedicare tempo di qualità a queste relazioni, attraverso incontri regolari, conversazioni significative e gesti di gentilezza, può rafforzare i legami. Organizzare attività condivise, come cene, escursioni o semplici passeggiate, offre opportunità per connettersi e creare ricordi positivi. La costanza è essenziale: mantenere il contatto regolare dimostra interesse e impegno, elementi chiave per costruire fiducia e vicinanza.

Un'altra strategia efficace è espandere il proprio cerchio sociale. Partecipare a nuovi gruppi e comunità può aprire la porta a nuove amicizie e connessioni. Unirsi a club, organizzazioni di volontariato, gruppi di interesse o corsi può mettere in contatto con persone che condividono passioni e valori simili. Questi ambienti offrono una piattaforma naturale per interagire e costruire relazioni significative. È importante essere aperti e accoglienti verso nuove persone, mostrando genuino interesse per le loro vite e esperienze.

Offrire supporto agli altri è un modo potente per rafforzare il proprio supporto sociale. Essere presenti per amici e familiari nei momenti di bisogno, offrendo ascolto, consiglio o assistenza pratica, crea un legame di reciprocità. Quando aiutiamo gli altri, dimostriamo di essere affidabili e di valore, il che rafforza la fiducia reciproca. Inoltre, queste azioni creano un ciclo di positività: le persone che ricevono supporto sono più propense a offrire lo stesso in futuro, creando una rete di sostegno solida e resiliente.

La comunicazione aperta e onesta è cruciale per mantenere relazioni sane e forti. Essere sinceri riguardo ai propri sentimenti e bisogni, e allo stesso tempo rispettosi dei sentimenti e bisogni degli altri, favorisce una comprensione reciproca. È utile imparare a esprimere gratitudine e apprezzamento per il supporto ricevuto. Un semplice "grazie" o un gesto di riconoscenza può rafforzare i legami e motivare gli altri a continuare a offrire il loro supporto.

Affrontare e risolvere i conflitti in modo costruttivo è un'altra strategia fondamentale. I conflitti sono inevitabili, ma gestirli con maturità e rispetto può prevenire la rottura delle relazioni. È importante affrontare i problemi con calma, ascoltare attivamente l'altra parte e cercare soluzioni che soddisfino entrambe le parti. L'abilità di navigare attraverso i conflitti rafforza le relazioni e costruisce fiducia.

La cura di sé è altrettanto importante per mantenere relazioni sane. Prendersi cura del proprio benessere fisico, emotivo e mentale ci rende più capaci di offrire supporto agli altri. Quando siamo in buona salute e equilibrio, possiamo essere presenti in modo più completo e significativo per le persone che amiamo. Questo include mantenere un buon equilibrio tra il tempo dedicato agli altri e il tempo dedicato a se stessi, per evitare il burnout e mantenere la propria energia e positività.

In conclusione, rafforzare il supporto sociale richiede un impegno consapevole verso le relazioni esistenti, l'apertura a nuove connessioni, l'offerta di supporto agli altri, la comunicazione aperta, la gestione costruttiva dei conflitti e la cura di sé. Queste strategie non solo migliorano la qualità delle nostre relazioni, ma creano una rete di supporto forte e resiliente che ci sostiene nei momenti di difficoltà e arricchisce la nostra vita quotidiana. Investire nel supporto sociale è una delle chiavi per una vita più felice, equilibrata e soddisfacente.

Esercizi Pratici per Rafforzare il Supporto Sociale

Mettere in pratica le strategie per rafforzare il supporto sociale richiede azioni concrete e deliberate. Di seguito sono presentati alcuni esercizi pratici che ti aiuteranno a costruire e mantenere relazioni positive e a creare una rete di supporto solida e duratura. Questi esercizi sono progettati per essere integrati nella tua routine quotidiana e ti permetteranno di migliorare la qualità delle tue interazioni sociali.

Esercizio 1: Diario delle Relazioni

Tenere un diario delle relazioni può aiutarti a monitorare e riflettere sulla qualità delle tue interazioni sociali.

Istruzioni:

Diario settimanale: Ogni settimana, dedica 10-15 minuti a scrivere nel tuo diario. Annota le interazioni significative avvenute nei giorni precedenti.

Riflessioni: Rifletti su come ti sei sentito durante queste interazioni e su ciò che ha funzionato bene o meno bene.

Obiettivi: Fissa obiettivi specifici per migliorare le tue relazioni nella settimana successiva. Può trattarsi di contattare un amico che non senti da tempo, di organizzare un incontro con un familiare, o di fare un gesto di gentilezza per un collega.

Esercizio 2: Programma di Incontri Regolari

Pianificare incontri regolari con amici e familiari è essenziale per mantenere i legami forti e significativi.

Istruzioni:

Calendario mensile: Prepara un calendario mensile in cui inserire incontri regolari con amici e familiari.

Varietà di attività: Organizza diverse attività, come cene, passeggiate, gite fuori porta o serate di giochi. Variare le attività mantiene le interazioni fresche e interessanti.

Inviti personali: Invia inviti personali via telefono, messaggio o e-mail, dimostrando attenzione e cura nei confronti della persona invitata.

Esercizio 3: Ascolto Attivo

Praticare l'ascolto attivo può migliorare notevolmente la qualità delle tue relazioni e la tua capacità di comprendere gli altri.

Istruzioni:

Focus sull'interlocutore: Durante le conversazioni, fai uno sforzo consapevole per eliminare distrazioni e concentrarti completamente sull'altra persona.

Feedback e riflessioni: Parafrasa ciò che l'interlocutore ha detto per dimostrare che hai compreso correttamente. Ad esempio, "Se ho capito bene, stai dicendo che..."

Domande aperte: Fai domande aperte per incoraggiare l'altra persona a esprimersi di più. Ad esempio, "Come ti sei sentito riguardo a ciò che è successo?" o "Cosa pensi che potremmo fare per migliorare questa situazione?"

Esercizio 4: Espansione del Cerchio Sociale

Ampliare il proprio cerchio sociale può offrire nuove opportunità di supporto e connessione.

Istruzioni:

Partecipazione a gruppi: Unisciti a gruppi o club locali che riflettono i tuoi interessi e passioni, come gruppi di lettura, corsi di cucina, o associazioni di volontariato.

Eventi sociali: Partecipa a eventi sociali, conferenze o seminari per incontrare nuove persone. Essere proattivi nell'avvicinarsi agli altri e iniziare conversazioni può aiutare a costruire nuove amicizie.

Rete di supporto online: Partecipa a comunità online e forum relativi ai tuoi interessi. Anche se virtuali, queste connessioni possono fornire un valido supporto emotivo e sociale.

Esercizio 5: Offrire Supporto

Essere presenti per gli altri nei momenti di bisogno crea un legame di reciprocità e rafforza il supporto sociale.

Istruzioni:

Atti di gentilezza: Ogni settimana, identifica almeno una persona a cui offrire supporto. Può trattarsi di ascoltare un amico in difficoltà, aiutare un collega con un progetto, o fare una commissione per un familiare.

Gestione dei conflitti: Se sorge un conflitto, affrontalo con calma e rispetto. Cerca di capire il punto di vista dell'altra persona e lavorare insieme per trovare una soluzione.

Espressioni di gratitudine: Mostra regolarmente apprezzamento per il supporto ricevuto. Un ringraziamento sincero, un messaggio di gratitudine o un piccolo gesto di riconoscimento possono rafforzare le relazioni e incentivare ulteriori atti di supporto.

Questi esercizi ti aiuteranno a mettere in pratica le strategie apprese per rafforzare il supporto sociale, migliorando la qualità delle tue relazioni e creando una rete di sostegno forte e resiliente. Con impegno e costanza, potrai godere dei benefici di relazioni positive e significative, che arricchiranno la tua vita e quella delle persone che ti circondano.

"Il più grande dono della vita è l'amicizia, e io l'ho ricevuto." - Hubert H. Humphrey

Capitolo 8

Gratitudine e Apprezzamento

Benefici della Gratitudine sulla Salute Mentale

La gratitudine è una pratica semplice, ma incredibilmente potente, che può trasformare la nostra salute mentale e migliorare il nostro benessere complessivo. A volte sottovalutata, la gratitudine può avere un impatto profondo sulla nostra mente, influenzando positivamente le emozioni, i pensieri e le relazioni.

Innanzitutto, la gratitudine è un potente antidoto contro lo stress. Viviamo in un mondo frenetico e stressante, dove è facile concentrarsi sugli aspetti negativi e sulle preoccupazioni quotidiane. Praticare la gratitudine ci aiuta a spostare l'attenzione su ciò che di positivo abbiamo nella nostra vita, riducendo l'impatto dello stress. Quando riflettiamo su ciò per cui siamo grati, i livelli di cortisolo, l'ormone dello stress, diminuiscono, e il nostro corpo e la nostra mente si rilassano. Questo stato di rilassamento non solo migliora il nostro umore, ma aiuta anche a prevenire problemi di salute legati allo stress cronico, come l'ipertensione e le malattie cardiache.

Inoltre, la gratitudine promuove un senso di benessere emotivo. Quando siamo grati, sperimentiamo emozioni positive come gioia, serenità e appagamento. Questi sentimenti positivi contrastano le emozioni negative come l'ansia, la rabbia e la tristezza. Numerosi studi hanno dimostrato che le persone che praticano regolarmente la gratitudine riportano livelli più alti di soddisfazione di vita e una maggiore resilienza emotiva. Questo significa che sono più capaci di affrontare le difficoltà e di recuperare più rapidamente dai momenti di crisi.

La gratitudine ha anche un impatto significativo sulla depressione. Ricordare e apprezzare le cose buone nella propria vita può rompere il ciclo di pensieri negativi che spesso accompagna la depressione. Tenere un diario della gratitudine, in cui si annotano ogni giorno le cose per cui si è grati, è stato dimostrato essere particolarmente efficace nel ridurre i sintomi depressivi. Questo esercizio aiuta a creare uno schema di pensiero positivo, che può sostenere la mente a lungo termine.

Un altro beneficio della gratitudine è il miglioramento delle relazioni interpersonali. Esprimere gratitudine verso gli altri rafforza i legami sociali e promuove un senso di connessione e appartenenza. Quando ringraziamo qualcuno per un gesto gentile o per il supporto offerto, non solo facciamo sentire l'altra persona apprezzata, ma rafforziamo anche il legame reciproco. Le relazioni positive e solidali sono fondamentali per il benessere mentale, poiché forniscono supporto emotivo e riducono il senso di isolamento.

La gratitudine può anche migliorare il nostro sonno. Le preoccupazioni e i pensieri negativi spesso interferiscono con la qualità del sonno. Praticare la gratitudine prima di dormire, ad esempio riflettendo su tre cose positive avvenute durante la giornata, può aiutare a calmare la mente e a favorire un sonno più profondo e ristoratore. Un sonno di qualità è essenziale per la salute mentale, poiché aiuta a regolare le emozioni, migliorare la memoria e aumentare la capacità di concentrazione.

Infine, la gratitudine può influenzare positivamente la nostra autostima. Quando ci concentriamo su ciò che abbiamo e sulle nostre qualità positive, tendiamo a sviluppare una visione più positiva di noi stessi. Questo non solo aumenta la nostra fiducia, ma ci rende anche meno inclini a confrontarci negativamente con gli altri. La gratitudine ci permette di apprezzare le nostre unicità e di sentirci più soddisfatti della nostra vita.

In conclusione, la pratica della gratitudine offre numerosi benefici per la salute mentale, tra cui la riduzione dello stress, l'aumento del benessere emotivo, il miglioramento delle relazioni interpersonali, una migliore qualità del sonno e una maggiore autostima. Integrare la gratitudine nella nostra vita quotidiana è una strategia semplice ma potente per migliorare il nostro benessere complessivo e vivere una vita più felice e appagante. Investire qualche minuto al giorno per riflettere su ciò per cui siamo grati può fare una grande differenza nella nostra salute mentale e nel nostro senso generale di felicità.

Tecniche per Coltivare la Gratitudine Quotidianamente

Coltivare la gratitudine quotidianamente può trasformare la nostra prospettiva sulla vita e migliorare significativamente il nostro benessere mentale ed emotivo. Integrare pratiche di gratitudine nella nostra routine giornaliera ci aiuta a mantenere un atteggiamento positivo e a sviluppare una maggiore resilienza di fronte alle sfide. Ecco alcune tecniche efficaci per coltivare la gratitudine ogni giorno.

Una delle tecniche più semplici e potenti è tenere un diario della gratitudine. Questo esercizio consiste nel dedicare qualche minuto ogni giorno a scrivere almeno tre cose per cui siamo grati. Questi possono essere eventi significativi, come una promozione sul lavoro, o momenti più semplici, come una piacevole conversazione con un amico o una tazza di caffè al mattino. Il processo di scrittura aiuta a fissare questi momenti nella nostra memoria e a creare un'abitudine di focalizzarsi sugli aspetti positivi della nostra vita. Molte persone trovano utile fare questo esercizio la sera, prima di andare a dormire, per chiudere la giornata con una nota positiva.

Un'altra tecnica efficace è esprimere la gratitudine direttamente alle persone che ci circondano. Spesso diamo per scontato il supporto e la gentilezza degli altri, ma prendere il tempo per riconoscere e ringraziare chi ci aiuta può rafforzare le relazioni e aumentare la nostra felicità. Questo può essere fatto attraverso parole di ringraziamento, biglietti di apprezzamento o piccoli gesti di riconoscimento. Ad esempio, se un collega ti ha aiutato con un progetto difficile, ringrazialo sinceramente per il suo supporto. Non solo farà sentire bene l'altra persona, ma rafforzerà anche il legame tra voi.

La pratica della visualizzazione può anche essere un potente strumento per coltivare la gratitudine. Ogni mattina, prima di iniziare la giornata, prendi qualche minuto per chiudere gli occhi e visualizzare le cose per cui sei grato. Questo può includere persone, esperienze o anche le tue qualità personali. Immagina vividamente queste cose e prova a sentire la gratitudine nel tuo cuore. Questo esercizio aiuta a impostare un tono positivo per la giornata e a ricordare ciò che è veramente importante.

Integrare momenti di gratitudine nella routine quotidiana è un altro modo per coltivare questa pratica. Puoi associare la gratitudine a eventi ricorrenti della tua giornata. Ad esempio, ogni volta che bevi una tazza di tè o di caffè, prendi un momento per riflettere su qualcosa di cui sei grato. Questo crea una connessione tra l'atto fisico e la pratica della gratitudine, rendendo più facile ricordarsi di essere grati.

La meditazione della gratitudine è un'altra tecnica efficace. Durante la meditazione, focalizzati su tutte le cose per cui sei grato. Puoi iniziare con le cose più grandi, come la tua salute o la tua famiglia, e poi passare a quelle più piccole, come il sole che splende o un buon libro che stai leggendo. La meditazione aiuta a calmare la mente e a creare uno spazio per la riflessione profonda, permettendoti di connetterti più intimamente con i tuoi sentimenti di gratitudine.

Partecipare a gruppi di gratitudine o a comunità online dedicate può anche offrire un sostegno significativo. Condividere le proprie esperienze di gratitudine con gli altri non solo amplifica i sentimenti positivi, ma crea anche un senso di comunità e connessione. Leggere le storie di gratitudine degli altri può ispirarti e ricordarti di tutte le cose positive che esistono nel mondo.

Infine, un'altra tecnica utile è il "barattolo della gratitudine". Prendi un barattolo e ogni giorno scrivi su un pezzo di carta qualcosa per cui sei grato, poi mettilo nel barattolo. Alla fine dell'anno, o quando ti senti giù, apri il barattolo e rileggi tutti i biglietti. Questo esercizio non solo ti permette di riflettere su tutte le cose positive che hai sperimentato, ma crea anche un rituale fisico che può essere molto gratificante.

In conclusione, coltivare la gratitudine quotidianamente può avere un impatto profondo sulla nostra salute mentale e sul nostro benessere generale. Attraverso pratiche come il diario della gratitudine, l'espressione diretta della gratitudine, la visualizzazione, la meditazione e i rituali quotidiani, possiamo allenare la nostra mente a concentrarsi sugli aspetti positivi della vita. Queste tecniche non solo ci aiutano a sentirci più felici e soddisfatti, ma migliorano anche le nostre relazioni e la nostra capacità di affrontare le sfide con una mentalità più resiliente e positiva.

Come il Diario della Gratitudine può Migliorare la tua Vita

Il diario della gratitudine è una pratica semplice ma potente che può trasformare profondamente la tua vita. Tenere un diario della gratitudine non solo migliora il tuo benessere mentale ed emotivo, ma può anche influenzare positivamente le tue relazioni, la tua resilienza e la tua qualità di vita complessiva. Esploriamo come questa pratica quotidiana può portare cambiamenti significativi.

Scrivere quotidianamente ciò per cui sei grato ti aiuta a focalizzarti sugli aspetti positivi della vita. Viviamo in un mondo spesso dominato dalle negatività e dalle sfide quotidiane. Questa pratica di riflessione ti permette di spostare la tua attenzione dalle difficoltà alle benedizioni, aiutandoti a vedere la vita attraverso una lente più positiva. Anche nei momenti difficili, trovare qualcosa per cui essere grati può ridurre lo stress e l'ansia, offrendo una prospettiva più equilibrata e serena.

Tenere un diario della gratitudine può anche migliorare significativamente il tuo umore e la tua soddisfazione di vita. Numerosi studi hanno dimostrato che le persone che praticano regolarmente la gratitudine tendono a essere più felici e più soddisfatte delle loro vite rispetto a quelle che non lo fanno. Questo esercizio quotidiano di riconoscere e apprezzare ciò che hai non solo aumenta i sentimenti di felicità e appagamento, ma può anche ridurre i sintomi di depressione e migliorare la tua salute mentale generale.

Un altro beneficio del diario della gratitudine è il miglioramento delle relazioni interpersonali. Quando prendi il tempo per riflettere su chi e cosa ti rende grato, è naturale voler esprimere questa gratitudine alle persone intorno a te. Questo rafforza i legami e costruisce relazioni più solide e affettuose. Dire "grazie" a un amico per il suo supporto, o a un collega per il suo aiuto, può migliorare l'atmosfera di lavoro e creare un ambiente più positivo e collaborativo.

La pratica della gratitudine attraverso un diario ti aiuta anche a sviluppare una maggiore consapevolezza e presenza nel momento. Ogni volta che scrivi, sei costretto a fermarti e riflettere, riconoscendo i piccoli e grandi momenti che spesso passano inosservati. Questa consapevolezza può estendersi oltre il momento della scrittura, influenzando la tua capacità di vivere pienamente nel presente e di apprezzare ogni esperienza quotidiana.

Il diario della gratitudine può anche essere uno strumento potente per sviluppare la resilienza. La vita è piena di alti e bassi, e mantenere un atteggiamento di gratitudine può aiutarti a navigare attraverso le difficoltà con maggiore facilità.

Riconoscere ciò per cui sei grato, anche durante i momenti difficili, ti aiuta a mantenere una mentalità positiva e a trovare forza nelle piccole cose. Questo non solo ti rende più resiliente, ma ti aiuta anche a recuperare più rapidamente dai periodi di stress e difficoltà.

Inoltre, il diario della gratitudine può migliorare la tua autostima. Riflettere regolarmente sui tuoi successi, le tue qualità positive e le tue esperienze gratificanti ti aiuta a costruire una visione più positiva di te stesso. Questo può rafforzare la tua fiducia e la tua sicurezza, influenzando positivamente il modo in cui ti vedi e interagisci con il mondo.

Infine, il diario della gratitudine può contribuire a migliorare la tua salute fisica. Gli studi hanno dimostrato che le persone che praticano la gratitudine tendono ad avere meno sintomi fisici, meno dolori e una salute generale migliore. La gratitudine può anche migliorare la qualità del sonno, poiché riduce i pensieri negativi e l'ansia, permettendoti di rilassarti e dormire meglio.

In conclusione, tenere un diario della gratitudine è una pratica semplice ma trasformativa che può migliorare vari aspetti della tua vita. Dai benefici mentali ed emotivi alle relazioni interpersonali, alla resilienza e alla salute fisica, la gratitudine ha il potere di arricchire la tua esistenza quotidiana. Prendere qualche minuto ogni giorno per riflettere su ciò per cui sei grato può portare a una vita più felice, equilibrata e soddisfacente, aiutandoti a vedere e apprezzare la bellezza che ti circonda.

Pratiche di Apprezzamento per Se Stessi e per Gli Altri

L'apprezzamento è una pratica fondamentale che può trasformare non solo il modo in cui vediamo noi stessi, ma anche le nostre relazioni con gli altri. Coltivare un atteggiamento di apprezzamento, sia verso di noi stessi che verso gli altri, può migliorare il benessere emotivo, rafforzare i legami sociali e creare un ambiente più positivo e solidale.

Iniziare con l'auto-apprezzamento è essenziale. Spesso siamo i nostri critici più severi, concentrandoci sui nostri difetti e fallimenti piuttosto che sui nostri punti di forza e successi. Praticare l'auto-apprezzamento richiede consapevolezza e intenzionalità. Un modo efficace per farlo è dedicare del tempo ogni giorno a riflettere su ciò che abbiamo fatto bene. Questo può essere qualcosa di piccolo, come aver completato un compito difficile, o qualcosa di più grande, come aver raggiunto un obiettivo personale. Scrivere questi successi in un diario può aiutare a consolidare questa pratica e a ricordarci dei nostri progressi.

Un'altra tecnica utile è l'affermazione positiva. Le affermazioni sono dichiarazioni che ci ricordano le nostre qualità e i nostri successi. Ripetere affermazioni come "Sono capace e merito successo" o "Accetto e apprezzo me stesso per quello che sono" può aiutare a costruire una visione più positiva di sé. Questo non solo migliora l'autostima, ma ci aiuta anche a sviluppare una mentalità di crescita, dove vediamo le sfide come opportunità di apprendimento piuttosto che come minacce.

Passando all'apprezzamento per gli altri, è importante riconoscere e celebrare i contributi e le qualità delle persone intorno a noi. Questo non solo migliora le nostre relazioni, ma crea anche un ambiente di supporto reciproco. Una pratica semplice ma potente è esprimere regolarmente gratitudine e apprezzamento. Prendere il tempo per ringraziare un collega per il suo aiuto, lodare un amico per una qualità che ammiriamo o mostrare apprezzamento per un familiare per il suo supporto rafforza i legami e promuove un senso di connessione.

L'apprezzamento può essere espresso in molti modi, da parole gentili a gesti significativi. Un biglietto di ringraziamento scritto a mano, un messaggio sincero o anche un piccolo regalo possono comunicare il nostro apprezzamento in modo tangibile. L'importante è che l'espressione di gratitudine sia autentica e venga dal cuore. Le persone possono percepire quando un ringraziamento è genuino, e questo rafforza ulteriormente il legame.

Praticare l'apprezzamento anche nei momenti di conflitto è una sfida, ma può essere estremamente benefico. Quando ci troviamo in disaccordo con qualcuno, cercare di vedere le cose dal loro punto di vista e riconoscere i loro sforzi o le loro buone intenzioni può aiutare a disinnescare la tensione e a trovare una soluzione più costruttiva. Questo non significa ignorare i problemi, ma piuttosto affrontarli con un atteggiamento di rispetto e comprensione reciproca.

Un'altra pratica utile è dedicare del tempo a riflettere sugli aspetti positivi delle persone con cui interagiamo. Prendere l'abitudine di concentrarsi sulle qualità positive degli altri, piuttosto che sui loro difetti, può trasformare il modo in cui li vediamo e migliorare la qualità delle nostre interazioni. Questo può essere fatto attraverso esercizi di riflessione, come elencare tre cose che apprezziamo di una persona prima di un incontro o una conversazione importante.

Infine, creare un ambiente di apprezzamento e gratitudine può avere un effetto moltiplicatore. Quando dimostriamo apprezzamento, incoraggiamo gli altri a fare lo stesso. Questo crea un ciclo virtuoso di positività e supporto reciproco che può trasformare l'atmosfera di un gruppo, di una famiglia o di un ambiente di lavoro.

In conclusione, praticare l'apprezzamento per se stessi e per gli altri è una strategia potente per migliorare il benessere emotivo e le relazioni interpersonali. Attraverso l'auto-apprezzamento, le affermazioni positive, l'espressione genuina di gratitudine e la creazione di un ambiente di supporto, possiamo costruire una vita più equilibrata e soddisfacente. Queste pratiche non solo arricchiscono la nostra esperienza personale, ma contribuiscono anche a creare comunità più forti e resilienti.

Come Mantenere una Mentalità di Gratitudine a Lungo Termine

Mantenere una mentalità di gratitudine a lungo termine richiede impegno e pratiche costanti, ma i benefici di questa prospettiva durano una vita. La gratitudine non è solo un'emozione momentanea, ma un atteggiamento che può trasformare la nostra visione del mondo e migliorare il nostro benessere complessivo. Ecco come possiamo coltivare e mantenere questa mentalità giorno dopo giorno.

Iniziare con piccoli rituali quotidiani è un modo efficace per mantenere la gratitudine viva nella nostra vita. Questi rituali possono includere la pratica di ringraziare al risveglio per un nuovo giorno, o alla fine della giornata per i momenti positivi vissuti. Trovare un momento fisso nella routine quotidiana per riflettere sulla gratitudine, come prima di dormire o durante i pasti, aiuta a mantenere questa abitudine.

Inoltre, è utile incorporare la gratitudine nelle conversazioni quotidiane. Fare dell'espressione di gratitudine una parte naturale delle interazioni con gli altri rafforza non solo i nostri legami sociali, ma anche la nostra mentalità di gratitudine. Dire "grazie" con sincerità per piccoli gesti di gentilezza o riconoscere i meriti degli altri contribuisce a creare un ambiente positivo e gratificante.

Un altro strumento potente è la visualizzazione. Ogni giorno, prendersi del tempo per visualizzare mentalmente le cose per cui siamo grati può rafforzare i sentimenti di apprezzamento e soddisfazione. Questa pratica può essere integrata nella meditazione o come esercizio autonomo. Visualizzare i momenti di gratitudine del passato e immaginare quelli futuri aiuta a mantenere un flusso continuo di pensieri positivi.

Tenere un diario della gratitudine è una pratica collaudata che può sostenere una mentalità di gratitudine a lungo termine. Scrivere regolarmente ciò per cui siamo grati ci aiuta a focalizzarci sugli aspetti positivi della vita, anche durante i periodi di difficoltà. Rileggere le voci del diario nei momenti di sconforto può fungere da potente promemoria di tutto ciò che di buono abbiamo nella nostra vita, rafforzando la nostra resilienza emotiva.

Partecipare a gruppi o comunità che promuovono la gratitudine può offrire ulteriore supporto e ispirazione. Condividere le proprie esperienze e ascoltare quelle degli altri in un contesto di gruppo rafforza il senso di appartenenza e può motivare a mantenere viva la pratica della gratitudine. Anche i gruppi di supporto online possono essere una risorsa preziosa, offrendo spazi di condivisione e confronto.

Un altro modo per mantenere una mentalità di gratitudine è coltivare la consapevolezza e la presenza nel momento. La mindfulness ci aiuta a essere pienamente presenti nel qui e ora, apprezzando ogni piccolo aspetto della nostra vita quotidiana. Semplici esercizi di mindfulness, come concentrarsi sul respiro o osservare la natura, possono aumentare la nostra capacità di sperimentare gratitudine in ogni momento.

È importante anche imparare a vedere le sfide e le difficoltà come opportunità di crescita e di apprendimento. Adottare una prospettiva di gratitudine anche nei momenti difficili ci permette di trovare il lato positivo in ogni situazione e di apprezzare le lezioni apprese. Questo non significa minimizzare le difficoltà, ma riconoscere che anche le esperienze negative possono contribuire alla nostra crescita personale.

Infine, prendersi cura di sé stessi è fondamentale per mantenere una mentalità di gratitudine. Quando ci prendiamo cura del nostro benessere fisico ed emotivo, siamo più capaci di riconoscere e apprezzare ciò che di positivo ci circonda. Questo include seguire una dieta equilibrata, fare esercizio fisico regolare, dormire adeguatamente e praticare tecniche di gestione dello stress.

In conclusione, mantenere una mentalità di gratitudine a lungo termine richiede pratiche quotidiane e un impegno costante. Attraverso piccoli rituali, l'espressione di gratitudine nelle conversazioni, la visualizzazione, il diario della gratitudine, il coinvolgimento in comunità, la mindfulness e la cura di sé, possiamo coltivare una prospettiva di gratitudine che arricchisce la nostra vita e ci aiuta a navigare le sfide con resilienza e positività. Con dedizione, la gratitudine può diventare una parte integrante del nostro essere, trasformando il nostro modo di vivere e di vedere il mondo.

Esercizi Pratici per Mantenere una Mentalità di Gratitudine a Lungo Termine

Integrare le tecniche apprese per mantenere una mentalità di gratitudine a lungo termine richiede pratica costante e consapevolezza. Di seguito sono presentati alcuni esercizi pratici che puoi incorporare nella tua routine quotidiana per rafforzare la tua prospettiva di gratitudine. Questi esercizi sono progettati per essere semplici ma efficaci, aiutandoti a coltivare un atteggiamento di gratitudine che durerà nel tempo.

Esercizio 1: Diario della Gratitudine Quotidiano

Tenere un diario della gratitudine quotidiano è un modo potente per consolidare una mentalità di gratitudine.

Istruzioni:

Trova un momento fisso: Dedica 5-10 minuti ogni sera, prima di andare a dormire, per riflettere sulla tua giornata.

Scrivi tre cose: Annota tre cose per cui sei grato. Possono essere eventi significativi o piccoli momenti di gioia.

Dettagli e riflessioni: Scrivi brevi dettagli su perché queste cose ti rendono grato e come ti hanno fatto sentire.

Revisione settimanale: Ogni settimana, rileggi ciò che hai scritto per consolidare i sentimenti di gratitudine.

Esercizio 2: Meditazione della Gratitudine

La meditazione della gratitudine può aiutarti a focalizzarti profondamente sulle cose positive della tua vita.

Istruzioni:

Trova un luogo tranquillo: Siediti comodamente in un posto tranquillo, chiudi gli occhi e rilassati.

Concentrati sul respiro: Inizia con alcuni respiri profondi per calmarti.

Visualizza la gratitudine: Pensa a una cosa per cui sei grato e visualizzala chiaramente. Può essere una persona, un evento o un'esperienza.

Senti la gratitudine: Cerca di provare profondamente il sentimento di gratitudine nel tuo cuore.

Durata: Dedica 5-10 minuti ogni giorno a questa pratica.

Esercizio 3: Pratiche di Apprezzamento nelle Conversazioni

Integrare la gratitudine nelle tue interazioni quotidiane può rafforzare i legami e promuovere un ambiente positivo.

Istruzioni:

Esprimi gratitudine verbalmente: Ogni giorno, fai uno sforzo consapevole per ringraziare almeno tre persone per qualcosa di specifico.

Note di apprezzamento: Scrivi un breve messaggio o un biglietto di ringraziamento a una persona diversa ogni settimana.

Condividi momenti di gratitudine: Durante le conversazioni, condividi un momento di gratitudine della tua giornata con gli altri, incoraggiando anche loro a fare lo stesso.

Esercizio 4: Visualizzazione del Mattino

Inizia la tua giornata con una pratica di visualizzazione della gratitudine per impostare un tono positivo.

Istruzioni:

Alzati con calma: Prima di iniziare le tue attività quotidiane, siediti in un luogo tranquillo.

Chiudi gli occhi: Prendi alcuni respiri profondi e rilassati.

Visualizza il positivo: Pensa a tre cose per cui sei grato e visualizzale chiaramente. Pensa a come queste cose influenzeranno positivamente la tua giornata.

Senti la gratitudine: Permetti a te stesso di sentire profondamente la gratitudine per queste cose.

Durata: Dedica 5 minuti ogni mattina a questa pratica.

Esercizio 5: Gratitudine Riflessiva

La riflessione è uno strumento potente per approfondire il senso di gratitudine.

Istruzioni:

Settimana di riflessione: Alla fine di ogni settimana, prendi 15-20 minuti per riflettere su ciò che è accaduto.

Riflessione sulle sfide: Identifica una sfida o difficoltà che hai affrontato. Cerca di trovare qualcosa di positivo che hai imparato da quell'esperienza.

Scrivi e rifletti: Annota le tue riflessioni in un diario, concentrandoti su come le esperienze, anche quelle difficili, ti hanno arricchito.

Lezioni apprese: Ogni mese, rivedi le tue riflessioni per riconoscere i progressi e le lezioni apprese, consolidando così la tua mentalità di gratitudine.

Questi esercizi pratici ti aiuteranno a integrare la gratitudine nella tua vita quotidiana, rafforzando la tua capacità di mantenere una mentalità positiva e resiliente. Con il tempo, queste pratiche diventeranno abitudini che arricchiranno la tua esistenza e ti aiuteranno a vedere il mondo con occhi nuovi e grati.

"Non è la felicità che ci rende grati, ma la gratitudine che ci rende felici." - David Steindl-Rast

Capitolo 9

Scopo e Significato nella Vita

Importanza di Avere un Senso di Scopo nella Vita

Avere un senso di scopo nella vita è fondamentale per il benessere psicologico e fisico. Un senso di scopo fornisce una direzione e una motivazione che ci aiutano a superare le sfide quotidiane e a perseguire i nostri obiettivi con determinazione e passione. Questo concetto va oltre la semplice esistenza quotidiana e ci connette a qualcosa di più grande di noi stessi, conferendo significato e valore alle nostre esperienze.

Un senso di scopo è strettamente legato alla nostra identità personale. Quando abbiamo chiaro il nostro scopo, sappiamo chi siamo e cosa vogliamo ottenere nella vita. Questa chiarezza ci dà una maggiore autostima e fiducia in noi stessi, poiché ci sentiamo più sicuri delle nostre decisioni e delle nostre capacità. Inoltre, ci aiuta a stabilire priorità e a concentrarci su ciò che è veramente importante, riducendo il rischio di disperdere energie in attività che non contribuiscono al nostro benessere a lungo termine.

La motivazione è un altro aspetto cruciale collegato al senso di scopo. Sapere perché facciamo ciò che facciamo ci dà la spinta necessaria per perseverare anche quando le cose diventano difficili. La vita è piena di ostacoli e momenti di dubbio, ma avere un obiettivo chiaro ci aiuta a mantenere la rotta. La motivazione intrinseca, alimentata dal nostro scopo, è molto più potente di quella estrinseca. Ci permette di affrontare le sfide con una mentalità positiva e resiliente, sapendo che ogni passo avanti ci avvicina al nostro obiettivo.

Il senso di scopo ha anche un impatto significativo sulla nostra salute mentale. Studi hanno dimostrato che le persone che sentono di avere uno scopo nella vita tendono a sperimentare livelli più bassi di stress, ansia e depressione. Questo perché il senso di scopo offre una prospettiva più ampia e positiva, aiutandoci a vedere le difficoltà come opportunità di crescita piuttosto che come insormontabili ostacoli. Inoltre, il senso di scopo ci fornisce un motivo per alzarci ogni mattina e affrontare la giornata con energia e ottimismo.

Le relazioni interpersonali beneficiano enormemente quando abbiamo un senso di scopo. Le persone che vivono con un chiaro obiettivo tendono a costruire relazioni più forti e significative, poiché sono in grado di comunicare in modo più autentico e di connettersi profondamente con gli altri. Il senso di scopo ci spinge anche a contribuire al benessere delle persone intorno a noi, creando un effetto positivo a catena che arricchisce le nostre comunità.

Sul piano fisico, un senso di scopo può influenzare positivamente la nostra salute. Le persone che sentono di avere uno scopo tendono a prendersi meglio cura di sé stesse, adottando abitudini salutari come l'esercizio fisico regolare, una dieta equilibrata e la gestione dello stress. Inoltre, la sensazione di avere uno scopo è stata collegata a una maggiore longevità. Sentirsi parte di qualcosa di significativo può ridurre l'infiammazione cronica e migliorare la funzione immunitaria, contribuendo così a una vita più lunga e sana.

Un senso di scopo ci aiuta anche a gestire meglio il tempo. Quando siamo chiari su ciò che vogliamo ottenere, tendiamo a organizzare meglio le nostre giornate e a evitare le distrazioni inutili. Questo non solo aumenta la nostra produttività, ma ci dà anche un senso di realizzazione e soddisfazione personale. Sentire di aver fatto progressi verso i nostri obiettivi alla fine della giornata può migliorare il nostro umore e rafforzare la nostra motivazione.

Infine, avere un senso di scopo ci connette a un significato più profondo. Che si tratti di contribuire a una causa, di raggiungere un obiettivo personale o di vivere secondo i propri valori, il senso di scopo ci dà la sensazione di essere parte di qualcosa di più grande. Questo non solo arricchisce la nostra vita, ma ci dà anche la forza di affrontare le difficoltà con maggiore serenità e coraggio.

In conclusione, avere un senso di scopo nella vita è essenziale per il benessere psicologico, fisico e sociale. Ci dà una direzione, una motivazione e un significato che rendono la nostra esistenza più ricca e soddisfacente. Investire tempo e sforzi per scoprire e coltivare il nostro senso di scopo può portare a una vita più equilibrata, felice e piena di significato.

Come Identificare le Proprie Passioni e Interessi

Identificare le proprie passioni e interessi è un passo fondamentale per scoprire il senso di scopo nella vita. Le passioni e gli interessi personali non solo arricchiscono la nostra esistenza, ma ci forniscono anche la motivazione necessaria per perseguire i nostri obiettivi con entusiasmo e determinazione. Tuttavia, molte persone trovano difficile identificare ciò che le appassiona veramente. Ecco alcuni modi per esplorare e scoprire le proprie passioni e interessi.

Il primo passo per identificare le proprie passioni è l'introspezione. Prendersi del tempo per riflettere su ciò che ci entusiasma e ci fa sentire vivi è essenziale. Questo processo può iniziare con una semplice domanda: "Cosa mi piace fare nel mio tempo libero?" Le attività che scegliamo di svolgere spontaneamente, senza alcuna pressione esterna, spesso rivelano i nostri veri interessi. Prendere nota delle attività che ci danno gioia e soddisfazione può aiutare a chiarire le nostre passioni.

Un altro modo per esplorare le proprie passioni è guardare al passato. Riflettere sulle attività e gli interessi che ci appassionavano durante l'infanzia o l'adolescenza può offrire preziosi indizi su ciò che ci motiva ancora oggi. Spesso, le passioni coltivate nei primi anni di vita rimangono rilevanti e significative anche in età adulta. Chiedersi cosa ci faceva perdere la cognizione del tempo da bambini può aiutare a riscoprire interessi dimenticati.

È anche utile sperimentare nuove attività. Partecipare a corsi, workshop o eventi legati a vari temi può aprire nuove porte e far emergere passioni inaspettate. Essere aperti a nuove esperienze e uscire dalla propria zona di comfort è fondamentale per scoprire ciò che realmente ci entusiasma. La sperimentazione permette di provare diverse attività e di capire quali ci attraggono di più.

Parlare con persone che condividono i nostri interessi può fornire ulteriori spunti e ispirazioni. Le conversazioni con amici, familiari o colleghi che hanno passioni simili possono aiutarci a scoprire nuovi aspetti di ciò che ci interessa e a capire meglio come integrare queste passioni nella nostra vita quotidiana. Inoltre, queste interazioni possono motivarci a perseguire i nostri interessi con maggiore intensità.

La lettura e l'apprendimento continuo sono altrettanto importanti. Leggere libri, articoli o guardare documentari su vari argomenti può stimolare la curiosità e far emergere nuovi interessi. L'apprendimento ci permette di approfondire le nostre conoscenze e di sviluppare una comprensione più profonda di ciò che ci appassiona.

Un altro strumento utile è la pratica della scrittura riflessiva. Tenere un diario in cui annotare pensieri, emozioni e riflessioni sulle attività quotidiane può aiutare a identificare i pattern e le tendenze nei nostri interessi. Scrivere regolarmente su ciò che ci entusiasma e su come ci sentiamo riguardo alle nostre esperienze può fornire una maggiore consapevolezza delle nostre passioni.

È importante anche ascoltare il proprio istinto. Spesso, le nostre passioni e i nostri interessi emergono naturalmente quando seguiamo ciò che ci fa sentire bene e ci dà un senso di realizzazione. Fidarsi delle proprie intuizioni e dei propri sentimenti è essenziale per scoprire ciò che ci motiva veramente.

Infine, prendersi del tempo per riflettere sui propri valori personali può aiutare a identificare le passioni che risuonano maggiormente con chi siamo. Le attività che sono in linea con i nostri valori fondamentali tendono a darci un senso di scopo e di significato più profondo. Riflettere su ciò che è importante per noi e su come vogliamo contribuire al mondo può guidarci nella scoperta delle nostre passioni.

In conclusione, identificare le proprie passioni e interessi richiede introspezione, sperimentazione e apertura al nuovo. Riflettere sul passato, esplorare nuove attività, parlare con persone affini, leggere, scrivere e ascoltare il proprio istinto sono tutti passi importanti per scoprire ciò che realmente ci entusiasma. Investire tempo ed energia in questo processo può portare a una vita più ricca, significativa e piena di scopo.

Strategie per Definire Obiettivi Significativi

Definire obiettivi significativi è essenziale per vivere una vita piena di scopo e soddisfazione. Gli obiettivi significativi non solo ci forniscono una direzione chiara, ma ci motivano anche a raggiungere il nostro pieno potenziale. Tuttavia, per essere veramente significativi, gli obiettivi devono rispecchiare i nostri valori e passioni, e devono essere formulati in modo da essere raggiungibili e motivanti. Ecco alcune strategie efficaci per definire obiettivi che abbiano un impatto duraturo sulla nostra vita.

Un punto di partenza fondamentale è la riflessione sui propri valori e interessi. Gli obiettivi significativi nascono da una profonda comprensione di ciò che è veramente importante per noi. Prendersi del tempo per riflettere su cosa ci appassiona e su cosa desideriamo veramente raggiungere nella vita è cruciale. Questo processo di introspezione ci permette di identificare le aree della nostra vita che ci portano maggiore soddisfazione e senso di realizzazione.

Una volta chiariti i propri valori, è importante formulare obiettivi specifici e concreti. Gli obiettivi vaghi e generici tendono a essere meno motivanti e più difficili da raggiungere. Invece, definire obiettivi chiari e dettagliati ci dà una direzione precisa e ci permette di misurare i nostri progressi. Ad esempio, invece di fissare un obiettivo generico come "migliorare la salute", è più efficace specificare "fare esercizio fisico per 30 minuti tre volte alla settimana". Questo rende l'obiettivo tangibile e facilmente monitorabile.

Un'altra strategia utile è suddividere gli obiettivi a lungo termine in obiettivi a breve termine. Gli obiettivi a lungo termine possono sembrare scoraggianti se considerati nella loro interezza, ma suddividerli in piccoli passi rende il percorso più gestibile e meno intimidatorio. Ogni passo raggiunto fornisce un senso di realizzazione e motiva a continuare. Ad esempio, se il tuo obiettivo a lungo termine è scrivere un libro, puoi iniziare con obiettivi settimanali come scrivere un certo numero di pagine o dedicare un certo numero di ore alla scrittura.

La visualizzazione è un'altra tecnica potente per definire e raggiungere obiettivi significativi. Immaginare se stessi mentre raggiungiamo i nostri obiettivi può rafforzare la nostra motivazione e determinazione. La visualizzazione ci aiuta a vedere i risultati desiderati come reali e raggiungibili, aumentandone la tangibilità. Prendere qualche minuto ogni giorno per visualizzare il successo può rafforzare il nostro impegno e prepararci mentalmente a superare gli ostacoli.

È altrettanto importante monitorare i progressi e fare aggiustamenti lungo il percorso. Tenere traccia dei progressi verso i nostri obiettivi ci aiuta a rimanere concentrati e motivati. Utilizzare un diario o un'app di monitoraggio può essere utile per registrare i successi e identificare le aree che necessitano di miglioramento. Essere flessibili e pronti a fare aggiustamenti è fondamentale, poiché le circostanze e le priorità possono cambiare. Adattare gli obiettivi in base alle nuove informazioni o situazioni assicura che rimangano rilevanti e raggiungibili.

Il supporto sociale è un altro elemento chiave per il successo. Condividere i propri obiettivi con amici, familiari o colleghi può fornire un ulteriore livello di responsabilità e supporto. Le persone che ci sostengono possono offrire incoraggiamento, consigli e feedback, rendendo il percorso verso il raggiungimento degli obiettivi più gestibile e gratificante. Inoltre, lavorare insieme a qualcuno con obiettivi simili può creare una dinamica di mutuo supporto e motivazione.

Infine, celebrare i successi lungo il percorso è fondamentale per mantenere alta la motivazione. Riconoscere e festeggiare i traguardi raggiunti, anche quelli piccoli, rinforza il nostro senso di competenza e ci stimola a continuare. Le celebrazioni non devono essere elaborate; anche un semplice momento di riflessione o una ricompensa personale possono fare una grande differenza.

In conclusione, definire obiettivi significativi richiede una riflessione approfondita sui propri valori, la formulazione di obiettivi specifici e concreti, la suddivisione degli obiettivi a lungo termine in passi gestibili, l'uso della visualizzazione, il monitoraggio dei progressi, il coinvolgimento del supporto sociale e la celebrazione dei successi. Queste strategie non solo ci aiutano a stabilire e raggiungere obiettivi che arricchiscono la nostra vita, ma ci permettono anche di vivere con maggiore scopo e soddisfazione.

L'Importanza della Perseveranza e della Resilienza nel Perseguire i Propri Scopi

Perseguire i propri scopi richiede molto più che una semplice determinazione iniziale. La strada verso il raggiungimento degli obiettivi è spesso costellata di ostacoli, fallimenti e momenti di dubbio. È qui che entrano in gioco la perseveranza e la resilienza, due qualità essenziali per mantenere la rotta e superare le difficoltà lungo il percorso.

La perseveranza è la capacità di continuare a lavorare verso un obiettivo nonostante le difficoltà e le battute d'arresto. È la forza che ci spinge avanti anche quando le cose si fanno difficili e i progressi sembrano lenti o inesistenti. La perseveranza richiede un impegno costante e la volontà di non arrendersi, indipendentemente dagli ostacoli che si incontrano. Questo non significa ignorare le sfide, ma affrontarle con determinazione e creatività, cercando soluzioni e adattamenti che ci permettano di avanzare.

La resilienza, d'altra parte, è la capacità di riprendersi dalle avversità e di adattarsi alle nuove circostanze. La resilienza ci permette di rialzarci dopo un fallimento, di apprendere dalle esperienze negative e di emergere più forti di prima. È una qualità che ci aiuta a mantenere una prospettiva positiva e a vedere le difficoltà come opportunità di crescita piuttosto che come ostacoli insormontabili. La resilienza è fondamentale perché, inevitabilmente, ogni percorso verso il successo comporta momenti di caduta e delusione. Senza la capacità di riprendersi, è facile perdere la motivazione e abbandonare i propri obiettivi.

Per sviluppare perseveranza e resilienza, è importante avere una visione chiara e un forte senso di scopo. Sapere esattamente cosa si vuole ottenere e perché è fondamentale per mantenere la motivazione nei momenti difficili. Un forte senso di scopo ci fornisce la forza emotiva necessaria per superare le difficoltà e rimanere concentrati sui nostri obiettivi a lungo termine.

La pratica della consapevolezza può anche essere molto utile. Essere consapevoli dei propri pensieri e delle proprie emozioni ci aiuta a gestire lo stress e a mantenere la calma nei momenti di crisi. La meditazione e la mindfulness possono migliorare la nostra capacità di rimanere presenti e concentrati, riducendo l'ansia e aumentando la resilienza emotiva. Queste pratiche ci permettono di affrontare le difficoltà con maggiore serenità e di trovare soluzioni creative ai problemi.

Un'altra strategia efficace è imparare a vedere i fallimenti come opportunità di apprendimento. Ogni errore o battuta d'arresto può insegnarci qualcosa di prezioso che possiamo utilizzare per migliorare e avvicinarci ai nostri obiettivi. Adottare una mentalità di crescita, che valorizza il processo di apprendimento piuttosto che il risultato immediato, ci aiuta a rimanere motivati e a vedere le difficoltà come parte integrante del percorso verso il successo.

Il supporto sociale è un altro elemento cruciale per sviluppare perseveranza e resilienza. Avere persone intorno a noi che ci incoraggiano e ci sostengono può fare una grande differenza nei momenti di difficoltà. Amici, familiari e mentori possono offrirci prospettive diverse, consigli preziosi e l'incoraggiamento necessario per continuare a lottare per i nostri obiettivi. Condividere le proprie sfide e successi con gli altri crea un senso di comunità e rende il percorso meno solitario.

Infine, è importante celebrare i piccoli successi lungo il percorso. Ogni traguardo raggiunto, per quanto piccolo, è un passo avanti verso il nostro obiettivo finale. Riconoscere e celebrare questi successi ci aiuta a mantenere alta la motivazione e a rafforzare la nostra perseveranza. Le celebrazioni non devono essere elaborate; anche un semplice momento di riflessione o un piccolo premio personale possono avere un impatto positivo.

In conclusione, la perseveranza e la resilienza sono qualità essenziali per perseguire i propri scopi con successo. Queste qualità ci permettono di affrontare le difficoltà con determinazione, di apprendere dai fallimenti e di mantenere la motivazione nel lungo termine. Coltivare una visione chiara, praticare la consapevolezza, adottare una mentalità di crescita, cercare supporto sociale e celebrare i piccoli successi sono tutte strategie che ci aiutano a sviluppare queste qualità e a vivere una vita piena di scopo e soddisfazione.

L'Importanza della Perseveranza e della Resilienza nel Perseguire i Propri Scopi

Il cammino verso il raggiungimento dei propri scopi è raramente lineare. Lungo il percorso, inevitabilmente, ci imbatteremo in ostacoli, imprevisti e momenti di scoraggiamento. È qui che entrano in gioco la perseveranza e la resilienza, qualità fondamentali che ci consentono di continuare a muoverci in avanti nonostante le difficoltà. Queste due caratteristiche, se coltivate, possono fare la differenza tra il raggiungimento del successo e l'abbandono dei propri sogni.

La perseveranza è la capacità di mantenere la determinazione e l'impegno verso i propri obiettivi nel lungo periodo. È una qualità che richiede disciplina, pazienza e la capacità di rimanere focalizzati sul proprio scopo, anche quando i progressi sembrano lenti o inesistenti. La perseveranza implica la volontà di affrontare le sfide con determinazione, adattando le strategie quando necessario e mantenendo una visione positiva delle proprie capacità.

La resilienza, invece, è la capacità di riprendersi dalle avversità. È la forza interiore che ci permette di rialzarci dopo un fallimento, di apprendere dalle esperienze difficili e di continuare a lottare per i nostri obiettivi. La resilienza non solo ci aiuta a superare i momenti di crisi, ma ci permette anche di trasformare le difficoltà in opportunità di crescita personale. Questa capacità di adattamento è fondamentale per mantenere la motivazione e la fiducia in se stessi nel lungo termine.

Per sviluppare la perseveranza, è importante avere una visione chiara e specifica dei propri obiettivi. Sapere esattamente cosa si vuole ottenere e perché è fondamentale per rimanere motivati e concentrati. Stabilire obiettivi concreti e realistici, e suddividerli in passi gestibili, può rendere il percorso meno intimidatorio e più facilmente affrontabile. Questo approccio permette di celebrare i piccoli successi lungo il cammino, rafforzando la motivazione e la determinazione.

La pratica della consapevolezza può migliorare sia la perseveranza che la resilienza. Essere consapevoli dei propri pensieri e delle proprie emozioni ci aiuta a gestire lo stress e a mantenere la calma nei momenti di difficoltà. La mindfulness e altre tecniche di rilassamento possono aumentare la nostra capacità di affrontare le sfide con serenità e lucidità, riducendo l'impatto negativo delle situazioni stressanti.

Un altro aspetto cruciale è la capacità di vedere i fallimenti non come sconfitte, ma come lezioni preziose. Ogni errore o battuta d'arresto può insegnarci qualcosa di nuovo e utile per il futuro. Adottare una mentalità di crescita, che valorizza il processo di apprendimento continuo, ci aiuta a rimanere aperti alle opportunità di miglioramento e a trasformare le difficoltà in trampolini di lancio verso il successo.

Il supporto sociale è un elemento essenziale per sviluppare sia la perseveranza che la resilienza. Circondarsi di persone che ci incoraggiano e ci sostengono può fare una grande differenza nei momenti di difficoltà. Amici, familiari e mentori possono offrirci consigli, feedback e l'incoraggiamento necessario per continuare a perseguire i nostri obiettivi. Condividere le proprie sfide e i propri successi con gli altri crea un senso di comunità e rende il percorso meno solitario.

Infine, è importante prendersi cura di sé stessi per mantenere alta la motivazione e la determinazione. Questo include seguire uno stile di vita sano, praticare attività fisiche, mantenere una dieta equilibrata e assicurarsi di avere abbastanza riposo. Una mente e un corpo sani sono fondamentali per affrontare le sfide con energia e positività.

In conclusione, la perseveranza e la resilienza sono qualità essenziali per perseguire i propri scopi con successo. Coltivare una visione chiara, praticare la consapevolezza, imparare dai fallimenti, cercare supporto sociale e prendersi cura di sé stessi sono tutte strategie che possono aiutare a sviluppare queste qualità. Con il tempo e l'impegno, queste caratteristiche ci permetteranno di superare le difficoltà e di raggiungere i nostri obiettivi, rendendo la nostra vita più ricca e significativa.

Come Allineare le Azioni Quotidiane con i Propri Valori e Scopi

Allineare le azioni quotidiane con i propri valori e scopi è essenziale per vivere una vita autentica e significativa. Questa armonia tra ciò che facciamo ogni giorno e ciò che riteniamo importante ci permette di sentirci più soddisfatti, motivati e in pace con noi stessi. Tuttavia, raggiungere questa coerenza richiede consapevolezza, intenzionalità e una pratica continua. Ecco come possiamo riuscirci.

Per prima cosa, è fondamentale avere una chiara comprensione dei propri valori e scopi. Questo richiede un'auto-riflessione approfondita per identificare ciò che è veramente importante per noi. I valori sono i principi guida che definiscono ciò che consideriamo giusto e significativo, mentre i nostri scopi sono gli obiettivi a lungo termine che desideriamo raggiungere. Prendere del tempo per riflettere su queste questioni e magari scriverle può aiutare a chiarire la nostra visione.

Una volta che abbiamo identificato i nostri valori e scopi, il passo successivo è valutare come le nostre azioni quotidiane si allineano con essi. Questo richiede un esame onesto e dettagliato delle nostre routine, abitudini e impegni. Chiedersi se le attività quotidiane contribuiscono a ciò che riteniamo importante può rivelare disallineamenti e aree di miglioramento. Ad esempio, se uno dei nostri valori è la salute, dobbiamo chiederci se stiamo facendo abbastanza per mantenere uno stile di vita sano.

Per allineare meglio le nostre azioni quotidiane con i nostri valori, possiamo iniziare stabilendo obiettivi a breve termine che riflettano i nostri principi e scopi a lungo termine. Questi obiettivi dovrebbero essere specifici, misurabili, raggiungibili, rilevanti e temporizzati (SMART). Ad esempio, se uno dei nostri valori è l'educazione continua, potremmo stabilire l'obiettivo di dedicare 30 minuti al giorno alla lettura o all'apprendimento di una nuova abilità. Stabilire questi obiettivi ci aiuta a trasformare i nostri valori in azioni concrete.

La pianificazione giornaliera è un altro strumento efficace per garantire che le nostre azioni siano in linea con i nostri valori e scopi. Creare una lista di cose da fare che include attività specifiche legate ai nostri obiettivi ci aiuta a mantenere il focus e a evitare distrazioni. Ogni mattina, possiamo rivedere i nostri valori e scopi e pianificare la giornata in modo che le nostre azioni riflettano ciò che è veramente importante per noi.

Essere consapevoli e presenti durante le attività quotidiane può migliorare ulteriormente l'allineamento tra azioni e valori. La pratica della mindfulness ci aiuta a rimanere concentrati sul momento presente e a fare scelte più consapevoli. Quando siamo consapevoli, siamo meno propensi a cadere in abitudini automatiche che non servono i nostri scopi e più capaci di fare scelte che rispecchiano i nostri valori.

Un altro elemento chiave è la flessibilità. Anche con le migliori intenzioni, ci saranno giorni in cui non riusciremo a vivere in perfetta coerenza con i nostri valori. È importante accettare queste situazioni senza giudicarci troppo duramente e vedere le deviazioni come opportunità di apprendimento piuttosto che fallimenti. La resilienza e la capacità di adattarsi sono fondamentali per mantenere un allineamento a lungo termine.

Inoltre, coinvolgere le persone intorno a noi può aiutare a rafforzare il nostro impegno verso i nostri valori e scopi. Condividere i nostri obiettivi con amici, familiari o colleghi crea un sistema di supporto e responsabilità che può essere molto motivante. Le persone che ci sostengono possono offrirci feedback, incoraggiamento e nuove prospettive, rendendo il nostro percorso più ricco e gratificante.

Infine, è utile riflettere regolarmente sui progressi fatti e fare aggiustamenti quando necessario. Prendersi del tempo, magari una volta al mese, per rivedere i nostri obiettivi e valutare quanto le nostre azioni quotidiane siano in linea con i nostri valori e scopi, ci aiuta a rimanere sul giusto percorso. Questa riflessione periodica ci permette di celebrare i successi, identificare le aree di miglioramento e realizzare aggiustamenti che mantengano viva la nostra motivazione.

In conclusione, allineare le azioni quotidiane con i propri valori e scopi richiede consapevolezza, pianificazione e flessibilità. Riflettere sui propri valori, stabilire obiettivi SMART, pianificare le attività quotidiane, praticare la mindfulness, essere resilienti e coinvolgere gli altri sono tutte strategie che ci aiutano a vivere una vita autentica e significativa. Investire in questo processo ci consente di creare una vita che non solo rispecchia ciò che è importante per noi, ma che ci dà anche un profondo senso di realizzazione e soddisfazione.

Esercizi Pratici per Allineare le Azioni Quotidiane con i Propri Valori e Scopi

Integrare le lezioni apprese su come allineare le azioni quotidiane con i propri valori e scopi richiede esercizi pratici e mirati. Questi esercizi ti aiuteranno a tradurre i tuoi valori e obiettivi in azioni concrete, garantendo che ogni giorno contribuisca al tuo benessere e alla realizzazione dei tuoi scopi. Ecco alcune attività che puoi iniziare subito per mettere in pratica questi concetti.

Esercizio 1: Identificazione dei Valori

Per allineare le tue azioni quotidiane con i tuoi valori, devi prima identificare chiaramente cosa è veramente importante per te.

Istruzioni:

Riflessione Profonda: Dedica 15-20 minuti a riflettere su ciò che conta davvero nella tua vita. Pensa alle esperienze che ti hanno portato gioia, alle qualità che ammiri negli altri e alle cause che ti stanno a cuore.

Lista dei Valori: Scrivi una lista dei tuoi valori fondamentali. Questi possono includere cose come integrità, salute, famiglia, apprendimento, creatività, ecc.

Priorità: Classifica questi valori in ordine di importanza. Questo ti aiuterà a focalizzarti su quelli che desideri maggiormente integrare nella tua vita quotidiana.

Esercizio 2: Stabilire Obiettivi SMART

Definire obiettivi specifici, misurabili, raggiungibili, rilevanti e temporizzati (SMART) è essenziale per trasformare i tuoi valori in azioni.

Istruzioni:

Obiettivi a Lungo Termine: Scegli uno o due valori prioritari e stabilisci un obiettivo a lungo termine per ciascuno. Ad esempio, se il tuo valore principale è la salute, il tuo obiettivo potrebbe essere "migliorare la mia forma fisica generale".

Obiettivi a Breve Termine: Suddividi questi obiettivi a lungo termine in obiettivi più piccoli e gestibili che puoi raggiungere nel prossimo mese. Per l'obiettivo di salute, un obiettivo a breve termine potrebbe essere "fare esercizio fisico per almeno 30 minuti, tre volte alla settimana".

Pianificazione: Utilizza un planner o un'app per tenere traccia dei tuoi progressi. Pianifica le attività settimanali che ti aiuteranno a raggiungere i tuoi obiettivi.

Esercizio 3: Creare una Routine di Mattina

Una routine mattutina ben definita può impostare il tono della tua giornata, assicurando che le tue azioni siano in linea con i tuoi valori e scopi.

Istruzioni:

Tempo di Riflessione: Dedica i primi 10-15 minuti della tua giornata alla riflessione e alla visualizzazione. Pensa ai tuoi valori e a come puoi vivere in armonia con essi durante la giornata.

Affermare i Propri Scopi: Scrivi una breve affermazione che rifletta i tuoi valori e obiettivi principali. Recitala ogni mattina per ricordarti ciò che è importante per te.

Pianificazione della Giornata: Pianifica la tua giornata, includendo almeno un'attività che rifletta i tuoi valori prioritari. Ad esempio, se apprezzi la creatività, pianifica un momento per dedicarti a un progetto creativo.

Esercizio 4: Revisione Serale

Riflettere sulla giornata appena trascorsa può aiutarti a valutare quanto sei riuscito ad allineare le tue azioni ai tuoi valori e scopi.

Istruzioni:

Diario della Gratitudine: Scrivi nel tuo diario le cose per cui sei grato e le azioni che hai compiuto in linea con i tuoi valori. Questo ti aiuta a mantenere una prospettiva positiva e a riconoscere i tuoi progressi.

Autovalutazione: Riflettendo sulla giornata, chiediti se le tue azioni sono state coerenti con i tuoi valori. Annota cosa ha funzionato bene e cosa potrebbe essere migliorato.

Pianificazione per il Giorno Successivo: Pianifica il giorno successivo, assicurandoti di includere azioni che riflettano i tuoi valori. Ad esempio, se il valore è la connessione, pianifica un momento per chiamare un amico o un familiare.

Esercizio 5: Coinvolgere un Partner di Responsabilità

Avere qualcuno con cui condividere i propri progressi e sfide può aumentare la motivazione e l'impegno.

Istruzioni:

Trova un Partner: Cerca un amico, un familiare o un collega che condivida l'interesse per la crescita personale e l'allineamento con i valori.

Incontri Regolari: Stabilite incontri settimanali o bisettimanali per discutere dei vostri progressi, sfide e successi. Questi incontri possono essere telefonici, virtuali o di persona.

Feedback e Supporto: Fornitevi reciprocamente feedback costruttivi e supporto. Celebrate insieme i successi e motivatevi a vicenda a continuare a lavorare verso i vostri obiettivi.

Questi esercizi pratici ti aiuteranno a integrare i tuoi valori e scopi nelle azioni quotidiane, rendendo la tua vita più coerente, soddisfacente e in linea con ciò che è veramente importante per te. Con il tempo e l'impegno, queste pratiche diventeranno parte integrante della tua routine, portando a una vita più equilibrata e significativa.

"Chi ha un perché per vivere può sopportare quasi ogni come." - Friedrich Nietzsche

Capitolo 10

Resilienza e Adattabilità

Definizione e Importanza della Resilienza

La resilienza è la capacità di un individuo di affrontare, superare e crescere dalle avversità. Non si tratta semplicemente di resistere alle difficoltà, ma di emergere da esse più forti e con una maggiore comprensione di sé stessi e del mondo. Questa qualità è fondamentale non solo per sopravvivere alle sfide della vita, ma per prosperare nonostante esse. La resilienza ci permette di mantenere la speranza e la motivazione anche nei momenti più bui, trasformando le difficoltà in opportunità di crescita.

Definire la resilienza significa riconoscere la sua multidimensionalità. È una combinazione di fattori psicologici, emotivi e comportamentali che ci aiutano a gestire lo stress e a recuperare dalle difficoltà. Tra questi fattori ci sono la capacità di adattamento, la positività, la consapevolezza di sé, il supporto sociale e le competenze di problem solving. La resilienza è, quindi, una risorsa dinamica che può essere sviluppata e rafforzata nel tempo attraverso esperienze di vita e pratiche consapevoli.

L'importanza della resilienza è evidente in numerosi aspetti della vita quotidiana. In primo luogo, essa contribuisce al benessere mentale. Le persone resilienti sono in grado di gestire lo stress e l'ansia in modo più efficace, mantenendo una prospettiva positiva anche di fronte alle difficoltà. Questo non significa che non provino emozioni negative, ma che hanno la capacità di affrontarle e di trovare modi costruttivi per superarle. La resilienza aiuta a prevenire problemi di salute mentale come la depressione e l'ansia cronica, promuovendo un senso di equilibrio e stabilità emotiva.

Sul piano fisico, la resilienza ha un impatto significativo sulla salute generale. Le persone resilienti tendono a prendersi cura meglio di sé stesse, adottando stili di vita salutari e cercando attivamente di mantenere il proprio benessere fisico. Questa attitudine può ridurre il rischio di malattie croniche e migliorare la qualità della vita complessiva. Inoltre, la resilienza aiuta a ridurre i livelli di infiammazione nel corpo, che sono associati a una serie di problemi di salute.

La resilienza è fondamentale anche per il successo personale e professionale. In ambito lavorativo, la capacità di affrontare le sfide con una mentalità positiva e proattiva è essenziale per raggiungere gli obiettivi e adattarsi ai cambiamenti. Le persone resilienti sono spesso più produttive e capaci di gestire lo stress lavorativo in modo efficace. Questa qualità favorisce anche il pensiero creativo e la capacità di problem solving, permettendo di trovare soluzioni innovative alle difficoltà.

Sul piano personale, la resilienza arricchisce le relazioni interpersonali. Le persone resilienti tendono a costruire e mantenere relazioni più forti e significative, poiché sono in grado di affrontare i conflitti in modo costruttivo e di supportare gli altri nei momenti di difficoltà. La capacità di recuperare rapidamente dalle avversità e di mantenere una prospettiva positiva rende queste persone partner, amici e colleghi più affidabili e comprensivi.

Infine, la resilienza è essenziale per la crescita personale. Le difficoltà e le sfide sono inevitabili nella vita, ma è attraverso di esse che impariamo e cresciamo. La resilienza ci permette di vedere le avversità non come ostacoli insormontabili, ma come opportunità di apprendimento e sviluppo. Questa prospettiva ci incoraggia a uscire dalla nostra zona di comfort, ad affrontare nuove sfide e a perseguire i nostri obiettivi con maggiore determinazione.

In conclusione, la resilienza è una qualità vitale che ci permette di affrontare le difficoltà con forza e determinazione, di mantenere il benessere mentale e fisico, di avere successo nelle nostre imprese personali e professionali e di crescere attraverso le esperienze di vita. Coltivare la resilienza richiede impegno e pratica, ma i benefici a lungo termine rendono questo sforzo estremamente gratificante. Investire nella propria resilienza significa investire nella propria capacità di vivere una vita piena, equilibrata e significativa.

Differenze tra Resilienza e Adattabilità

La resilienza e l'adattabilità sono due qualità fondamentali per affrontare le sfide della vita, ma spesso vengono confuse o utilizzate come sinonimi. Sebbene siano strettamente collegate e si supportino a vicenda, presentano caratteristiche distintive che le differenziano. Comprendere queste differenze è cruciale per sviluppare entrambe le qualità in modo efficace e per affrontare le difficoltà con maggiore consapevolezza e competenza.

La resilienza è la capacità di una persona di riprendersi da avversità, traumi o stress significativi. È la forza interiore che ci permette di superare le difficoltà, mantenere una prospettiva positiva e continuare a crescere nonostante le circostanze avverse. La resilienza è legata alla capacità di gestire le emozioni, mantenere la motivazione e trovare significato nelle esperienze difficili. Le persone resilienti non solo sopravvivono alle crisi, ma spesso emergono da esse con una maggiore saggezza e forza.

D'altra parte, l'adattabilità si riferisce alla capacità di una persona di modificare i propri comportamenti, pensieri e atteggiamenti in risposta a nuove situazioni e cambiamenti. È l'abilità di essere flessibili e di accettare nuove realtà con apertura mentale. L'adattabilità implica la capacità di imparare rapidamente, di modificare i propri approcci e di essere pronti a esplorare nuove strade quando le circostanze lo richiedono. Le persone adattabili sono in grado di affrontare cambiamenti imprevisti senza resistenza, trovando modi efficaci per integrarsi in nuovi contesti.

Una delle principali differenze tra resilienza e adattabilità risiede nella natura della risposta alle avversità. La resilienza è principalmente una risposta reattiva: quando si verificano eventi stressanti o traumatici, la resilienza entra in gioco per aiutare la persona a riprendersi e a ritrovare l'equilibrio. È una qualità che si manifesta soprattutto nei momenti di crisi, fornendo la forza necessaria per superare le difficoltà.

L'adattabilità, invece, è una risposta proattiva ai cambiamenti. Piuttosto che attendere che una crisi si verifichi, le persone adattabili sono costantemente pronte a modificare il loro comportamento e le loro strategie in anticipo, anticipando le esigenze di nuove situazioni. L'adattabilità richiede una mentalità aperta e una disposizione a sperimentare e apprendere continuamente, anche quando non ci sono crisi evidenti.

Un altro aspetto distintivo è il focus temporale. La resilienza spesso si concentra sul superamento delle difficoltà passate e presenti, aiutando a guarire e a ricostruire la propria vita dopo un evento negativo. È la capacità di rialzarsi e di continuare a progredire nonostante i fallimenti e le sconfitte. L'adattabilità, al contrario, ha un focus orientato al futuro. Implica prepararsi per i cambiamenti che potrebbero verificarsi, essere pronti ad affrontare nuove sfide e saper cogliere le opportunità che emergono in contesti dinamici e in evoluzione.

Le due qualità, pur essendo diverse, sono interconnesse e si rafforzano reciprocamente. La resilienza fornisce la forza e la stabilità necessarie per affrontare e superare le avversità, mentre l'adattabilità consente di navigare attraverso i cambiamenti con flessibilità e apertura mentale. Insieme, queste qualità creano una base solida per affrontare la complessità della vita moderna, che è caratterizzata da incertezza e rapidi cambiamenti.

Per sviluppare sia la resilienza che l'adattabilità, è utile adottare una serie di pratiche e atteggiamenti. Coltivare una mentalità di crescita, che valorizza l'apprendimento continuo e la sperimentazione, può migliorare la nostra capacità di adattarci. Allo stesso tempo, praticare la mindfulness e la gestione dello stress può rafforzare la resilienza, permettendoci di mantenere la calma e la lucidità anche nei momenti difficili.

In conclusione, la resilienza e l'adattabilità sono qualità complementari che ci aiutano a navigare attraverso le sfide e i cambiamenti della vita. La resilienza ci permette di recuperare e di crescere dalle difficoltà, mentre l'adattabilità ci prepara ad affrontare nuove situazioni con flessibilità e apertura mentale. Comprendere e sviluppare entrambe queste qualità è essenziale per vivere una vita equilibrata e soddisfacente, capace di affrontare con successo le inevitabili trasformazioni e crisi.

Strategie per Sviluppare la Resilienza

Sviluppare la resilienza è essenziale per affrontare le sfide della vita con forza e positività. Questa capacità non è innata, ma può essere coltivata attraverso pratiche consapevoli e strategie mirate. Rafforzare la resilienza ci permette di superare le avversità, di adattarci alle nuove situazioni e di emergere più forti e saggi. Ecco alcune strategie efficaci per sviluppare questa qualità fondamentale.

La consapevolezza di sé è il primo passo per sviluppare la resilienza. Comprendere le proprie emozioni, riconoscere i propri punti di forza e accettare le proprie debolezze sono aspetti cruciali. La mindfulness è uno strumento potente per coltivare la consapevolezza. Praticare la mindfulness significa prestare attenzione al momento presente, senza giudizio. Questo aiuta a ridurre lo stress e a mantenere la calma nei momenti difficili, facilitando una risposta più equilibrata alle avversità.

Un altro aspetto importante è costruire una rete di supporto sociale. Le relazioni positive con amici, familiari e colleghi offrono un sostegno emotivo essenziale. Sentirsi parte di una comunità fornisce un senso di appartenenza e sicurezza, che è fondamentale nei momenti di crisi. Partecipare attivamente alla vita della propria comunità, offrire aiuto e chiedere supporto quando necessario, rafforza questi legami e ci rende più resilienti.

L'adozione di una mentalità di crescita è un'altra strategia chiave. Vedere le difficoltà come opportunità di apprendimento piuttosto che come ostacoli insormontabili trasforma la nostra percezione delle sfide. Questa mentalità ci spinge a sperimentare, a imparare dai fallimenti e a migliorare continuamente. Celebrare i piccoli successi lungo il percorso rinforza questa mentalità, alimentando la motivazione e la fiducia in sé stessi.

La gestione dello stress è essenziale per mantenere la resilienza. Tecniche di rilassamento come la respirazione profonda, la meditazione e lo yoga possono aiutare a ridurre l'ansia e a mantenere una mente lucida. Stabilire routine quotidiane che includano momenti di relax e attività piacevoli contribuisce a mantenere l'equilibrio emotivo. Anche l'attività fisica regolare ha un impatto positivo sulla gestione dello stress, migliorando il benessere fisico e mentale.

Imparare a essere flessibili e ad adattarsi alle circostanze mutevoli è cruciale. La vita è piena di imprevisti, e la capacità di adattarsi rapidamente alle nuove situazioni è una componente fondamentale della resilienza. Accettare che il cambiamento è parte inevitabile della vita e sviluppare la capacità di modificare i propri piani e approcci in risposta alle nuove sfide aiuta a mantenere la stabilità emotiva.

La pratica della gratitudine può anche rafforzare la resilienza. Riconoscere e apprezzare le cose positive della propria vita, anche nei momenti difficili, aiuta a mantenere una prospettiva equilibrata. Tenere un diario della gratitudine, dove annotare ogni giorno le cose per cui si è grati, può aiutare a coltivare un atteggiamento positivo e a ridurre il focus sugli aspetti negativi.

È utile inoltre fissare obiettivi realistici e lavorare progressivamente verso di essi. Stabilire obiettivi chiari e raggiungibili dà un senso di direzione e scopo, che è fondamentale per mantenere la motivazione. Suddividere gli obiettivi a lungo termine in piccoli passi gestibili rende il percorso meno intimidatorio e permette di celebrare i progressi lungo il cammino.

Infine, l'autocompassione è un elemento chiave per sviluppare la resilienza. Trattarsi con gentilezza e comprensione, soprattutto nei momenti di fallimento o difficoltà, aiuta a mantenere una visione positiva di sé stessi. L'autocompassione ci permette di accettare le nostre imperfezioni e di vedere i fallimenti come parte del processo di crescita, piuttosto che come riflessi della nostra identità.

In conclusione, sviluppare la resilienza richiede una combinazione di consapevolezza di sé, supporto sociale, mentalità di crescita, gestione dello stress, flessibilità, gratitudine, obiettivi realistici e autocompassione. Queste strategie non solo ci aiutano a superare le difficoltà, ma ci permettono anche di crescere e di prosperare nonostante le avversità. Investire nella propria resilienza è un passo fondamentale verso una vita più equilibrata, soddisfacente e piena di significato.

Come Affrontare e Superare le Difficoltà

Affrontare e superare le difficoltà è una parte inevitabile della vita. Tuttavia, la capacità di gestire efficacemente le avversità non è innata ma può essere sviluppata attraverso strategie mirate e pratiche consapevoli. Essere preparati a fronteggiare le sfide con un atteggiamento positivo e resiliente ci permette di emergere più forti e con una maggiore comprensione di noi stessi e del mondo.

Una delle prime strategie per affrontare le difficoltà è riconoscere e accettare le proprie emozioni. Quando ci troviamo di fronte a una situazione stressante o dolorosa, è naturale provare una vasta gamma di emozioni, come rabbia, tristezza o paura. Accettare queste emozioni senza giudicarle ci permette di elaborarle in modo più sano. Praticare la mindfulness può essere estremamente utile in questo contesto. Essere consapevoli del momento presente e delle proprie reazioni emotive aiuta a ridurre l'ansia e a mantenere la calma, facilitando una risposta più equilibrata alle difficoltà.

Un altro passo fondamentale è definire chiaramente il problema. Spesso, di fronte a una difficoltà, siamo sopraffatti dalla complessità della situazione. Suddividere il problema in parti più gestibili può aiutare a chiarire cosa esattamente dobbiamo affrontare. Questo approccio analitico ci permette di sviluppare soluzioni più mirate e di gestire il problema con maggiore efficacia. Ad esempio, se stiamo affrontando una difficoltà lavorativa, possiamo identificare le specifiche sfide coinvolte, come mancanza di risorse o conflitti interpersonali, e sviluppare piani d'azione specifici per ognuna di esse.

La ricerca di supporto è essenziale quando affrontiamo le difficoltà. Parlare con amici, familiari o colleghi di fiducia può offrire nuove prospettive e soluzioni che non avevamo considerato. Inoltre, condividere le proprie preoccupazioni con gli altri allevia il senso di isolamento e ci fa sentire sostenuti. Le persone nel nostro network di supporto possono fornire consigli pratici, incoraggiamento emotivo e, in alcuni casi, assistenza concreta per superare le sfide.

Mantenere una mentalità di crescita è un'altra strategia efficace. Vedere le difficoltà come opportunità di apprendimento piuttosto che come ostacoli insormontabili trasforma la nostra percezione delle sfide. Questo approccio ci incoraggia a sperimentare, a imparare dai nostri errori e a migliorare continuamente. Adottare questa prospettiva ci aiuta a rimanere motivati e resilienti, anche quando le cose non vanno come previsto.

L'adattabilità è cruciale per superare le difficoltà. La vita è dinamica e in continua evoluzione, e la capacità di adattarsi rapidamente ai cambiamenti è fondamentale. Essere flessibili nelle nostre strategie e approcci ci permette di trovare soluzioni innovative e di rispondere in modo efficace alle nuove circostanze. Accettare che il cambiamento è parte integrante della vita e sviluppare la capacità di adattarsi alle nuove realtà ci rende più resilienti.

Un altro elemento chiave è la cura di sé. Prendersi cura del proprio benessere fisico ed emotivo è essenziale per mantenere la forza e la resilienza necessarie per affrontare le difficoltà. Questo include seguire una dieta equilibrata, fare esercizio fisico regolare, dormire a sufficienza e praticare tecniche di gestione dello stress come la meditazione o lo yoga. La cura di sé non è un lusso, ma una necessità per mantenere la nostra capacità di affrontare le sfide in modo efficace.

Infine, imparare a vedere il quadro più ampio aiuta a mettere le difficoltà in prospettiva. Spesso, quando siamo nel bel mezzo di una crisi, possiamo perdere di vista il contesto generale. Prendersi un momento per riflettere sul lungo termine e ricordare i nostri obiettivi e valori può aiutare a ridurre lo stress immediato e a mantenere una visione equilibrata. Questo approccio ci aiuta a non essere sopraffatti dalle difficoltà presenti e a mantenere la rotta verso i nostri scopi a lungo termine.

In conclusione, affrontare e superare le difficoltà richiede una combinazione di consapevolezza emotiva, analisi del problema, supporto sociale, mentalità di crescita, adattabilità, cura di sé e una prospettiva a lungo termine. Queste strategie non solo ci aiutano a superare le sfide immediate, ma ci preparano anche a gestire future avversità con maggiore forza e resilienza. Investire nello sviluppo di queste capacità è essenziale per vivere una vita equilibrata e significativa.

Esempi di Persone Resilienti e Lezioni da Imparare dalle Loro Esperienze

La resilienza è una qualità che molte persone straordinarie hanno dimostrato nel corso della storia. Esaminare le vite di queste persone ci offre preziose lezioni su come affrontare e superare le avversità. Attraverso i loro racconti, possiamo vedere come la determinazione, la forza interiore e la capacità di adattarsi possano trasformare le difficoltà in trionfi.

Uno degli esempi più emblematici di resilienza è quello di Nelson Mandela. Imprigionato per 27 anni a causa della sua lotta contro l'apartheid in Sudafrica, Mandela non solo sopravvisse a condizioni estremamente dure, ma emerse dalla prigionia con una visione di riconciliazione e unità per il suo paese. La sua capacità di perdonare i suoi oppressori e di lavorare per una nazione inclusiva e democratica è una lezione potente sulla forza del perdono e sulla capacità di trasformare il dolore in un catalizzatore per il cambiamento positivo. Mandela ci insegna che la resilienza non riguarda solo la sopravvivenza, ma anche la crescita e la trasformazione personale e collettiva.

Un altro esempio significativo è quello di Malala Yousafzai. Colpita alla testa da un talebano per aver sostenuto l'educazione delle ragazze in Pakistan, Malala non solo sopravvisse all'attentato, ma divenne una voce mondiale per i diritti all'istruzione. La sua storia ci dimostra che la resilienza può emergere anche nei momenti di estrema vulnerabilità. Malala ha mostrato un coraggio straordinario, continuando a parlare e a lottare per la sua causa nonostante i pericoli. La sua esperienza ci insegna che la resilienza è spesso accompagnata da un profondo senso di scopo e determinazione a fare la differenza.

Stephen Hawking, uno dei fisici teorici più brillanti della nostra epoca, è un altro esempio di resilienza. Nonostante gli fosse stata diagnosticata una malattia del motoneurone a soli 21 anni, con una prognosi di pochi anni di vita, Hawking non solo visse fino a 76 anni, ma fece scoperte rivoluzionarie nel campo della cosmologia. La sua capacità di continuare a lavorare e a contribuire alla scienza nonostante la sua grave disabilità è una testimonianza della forza della mente umana e della volontà di superare le limitazioni fisiche. Hawking ci insegna che la resilienza include la capacità di adattarsi e di trovare nuovi modi per realizzare il proprio potenziale, indipendentemente dalle circostanze.

Oprah Winfrey rappresenta un altro potente esempio di resilienza. Cresciuta in povertà e vittima di abusi durante l'infanzia, Winfrey superò queste esperienze traumatiche per diventare una delle donne più influenti del mondo. La sua storia è un promemoria del potere della determinazione e dell'importanza di non arrendersi mai ai propri sogni, indipendentemente dalle difficoltà incontrate lungo il cammino. Winfrey ha utilizzato le sue esperienze passate come motivazione per costruire un impero mediatico e per aiutare gli altri attraverso il suo lavoro filantropico. La sua vita ci insegna che la resilienza può trasformare le esperienze negative in forza motivazionale per realizzare grandi cose.

Infine, J.K. Rowling, l'autrice della celebre serie di libri di Harry Potter, è un esempio di resilienza nel mondo creativo. Prima di raggiungere il successo mondiale, Rowling affrontò numerose difficoltà, tra cui la depressione, il fallimento matrimoniale e la povertà. La sua capacità di perseverare e di continuare a scrivere nonostante questi ostacoli è una lezione sull'importanza di credere in sé stessi e nei propri sogni. Rowling ci dimostra che la resilienza richiede impegno costante e la capacità di non perdere mai di vista i propri obiettivi, anche quando tutto sembra andare storto.

In conclusione, le storie di Nelson Mandela, Malala Yousafzai, Stephen Hawking, Oprah Winfrey e J.K. Rowling ci offrono lezioni preziose sulla resilienza. Queste persone straordinarie ci insegnano che la resilienza è una combinazione di determinazione, capacità di adattamento, scopo e una mentalità positiva. Le loro esperienze ci ispirano a trovare la nostra forza interiore e a vedere le avversità come opportunità di crescita e trasformazione. Investire nel coltivare la resilienza ci permette di vivere una vita più equilibrata, soddisfacente e piena di significato, indipendentemente dalle sfide che incontriamo lungo il cammino.

Esercizi Pratici per Sviluppare la Resilienza

Integrare le lezioni apprese sulla resilienza richiede esercizi pratici che aiutino a costruire questa qualità essenziale. Questi esercizi sono progettati per essere inclusi nella tua routine quotidiana e per aiutarti a sviluppare la capacità di affrontare e superare le difficoltà con maggiore forza e determinazione. Ecco alcune attività che puoi iniziare subito per mettere in pratica i concetti appresi in questo capitolo.

Esercizio 1: Diario della Resilienza

Tenere un diario della resilienza è un modo efficace per riflettere sulle esperienze difficili e per capire come le hai superate. Questo esercizio ti aiuta a riconoscere e a rafforzare la tua capacità di ripresa.

Istruzioni:

Riflessione Giornaliera: Ogni sera, prendi 10-15 minuti per riflettere sulla tua giornata. Annota le sfide che hai affrontato e come le hai superate.

Lezioni Imparate: Scrivi cosa hai imparato da queste esperienze. Quali strategie hai utilizzato?

Come ti hanno aiutato queste strategie a gestire le difficoltà?

Punti di Forza: Identifica i tuoi punti di forza che ti hanno aiutato a essere resiliente. Questo potrebbe includere la tua capacità di rimanere calmo sotto pressione, la tua creatività nel risolvere problemi o il tuo supporto sociale.

Esercizio 2: Visualizzazione della Resilienza

La visualizzazione è una tecnica potente che può rafforzare la tua resilienza mentale e prepararti a gestire le difficoltà future.

Istruzioni:

Ambiente Tranquillo: Trova un posto tranquillo dove non sarai disturbato.

Respirazione Profonda: Inizia con alcuni minuti di respirazione profonda per rilassarti.

Immagina Situazioni Difficili: Visualizza una situazione difficile che potresti incontrare. Immagina te stesso mentre affronti questa situazione con calma e determinazione.

Strategie di Successo: Visualizza le strategie che utilizzerai per superare questa difficoltà. Immagina il successo e il senso di realizzazione che proverai una volta superata la sfida.

Esercizio 3: Costruire una Rete di Supporto

Avere una solida rete di supporto è fondamentale per sviluppare la resilienza. Questo esercizio ti aiuterà a rafforzare le tue connessioni sociali e a sentirti sostenuto nei momenti di difficoltà.

Istruzioni:

Identifica il Tuo Supporto: Fai una lista delle persone su cui puoi contare per supporto emotivo, consigli pratici o semplicemente per ascoltarti.

Coltiva le Relazioni: Dedica del tempo ogni settimana per connetterti con queste persone. Questo può includere telefonate, incontri di persona o messaggi.

Offri il Tuo Supporto: La resilienza è reciproca. Offri il tuo supporto agli altri quando ne hanno bisogno. Questo rafforza i legami e crea una rete di supporto più solida.

Esercizio 4: Pratica della Gratitudine

La gratitudine può aiutarti a mantenere una prospettiva positiva anche nei momenti difficili. Questo esercizio ti aiuterà a concentrarti sugli aspetti positivi della tua vita, aumentando la tua resilienza emotiva.

Istruzioni:

Gratitudine Quotidiana: Ogni giorno, prendi 5 minuti per scrivere tre cose per cui sei grato.

Possono essere piccole cose, come un buon pasto, o grandi cose, come il supporto di un amico.

Riflessione Mensile: Ogni mese, rivedi le tue note di gratitudine e rifletti su come questi aspetti positivi ti hanno aiutato a superare le difficoltà.

Esercizio 5: Fissare Obiettivi Realistici

Stabilire e raggiungere piccoli obiettivi può aumentare la tua resilienza, poiché ti dà un senso di controllo e realizzazione.

Istruzioni:

Obiettivi Settimanali: Ogni settimana, stabilisci un obiettivo realistico e raggiungibile. Assicurati che sia specifico e misurabile.

Monitoraggio del Progresso: Tieni traccia dei tuoi progressi e celebra i successi, anche quelli piccoli. Questo rafforza la tua fiducia e la tua capacità di affrontare future sfide.

Riflessione e Adattamento: Se non raggiungi un obiettivo, riflettici sopra e cerca di capire cosa puoi fare diversamente. Adatta le tue strategie per migliorare le tue possibilità di successo in futuro.

Questi esercizi pratici ti aiuteranno a integrare la resilienza nella tua vita quotidiana, rafforzando la tua capacità di affrontare e superare le difficoltà. Con il tempo e la pratica, svilupperai una maggiore forza interiore e una capacità di ripresa che ti permetteranno di vivere una vita più equilibrata e soddisfacente.

"La resilienza non è una singola abilità, ma una varietà di abilità e meccanismi di coping." - Anonimo

Capitolo 11

Mantenere uno Stile di Vita Equilibrato

Importanza dell'Equilibrio tra Lavoro e Vita Privata

L'equilibrio tra lavoro e vita privata è un aspetto cruciale per il benessere generale e la qualità della vita. La crescente pressione lavorativa e le aspettative professionali, unite alle responsabilità personali e familiari, rendono spesso difficile mantenere questo equilibrio. Tuttavia, ignorare l'importanza di bilanciare queste due dimensioni può portare a stress, burnout e problemi di salute a lungo termine. Vediamo perché è così importante trovare e mantenere un sano equilibrio tra lavoro e vita privata.

Innanzitutto, un buon equilibrio tra lavoro e vita privata è essenziale per il benessere mentale ed emotivo. Quando il lavoro domina la nostra vita, possiamo sentirci sopraffatti, stressati e insoddisfatti. Questo può portare a un aumento dell'ansia e della depressione. D'altra parte, dedicare tempo sufficiente alle attività personali e alle relazioni interpersonali può migliorare il nostro umore e la nostra salute mentale. Trascorrere del tempo con la famiglia, gli amici o semplicemente rilassandosi aiuta a ridurre lo stress e a recuperare energie, creando una mente più calma e positiva.

Sul piano fisico, l'equilibrio tra lavoro e vita privata influisce direttamente sulla nostra salute. Le lunghe ore di lavoro e la mancanza di riposo possono portare a una serie di problemi di salute, tra cui affaticamento, insonnia, problemi cardiaci e un sistema immunitario indebolito. Quando il lavoro monopolizza il nostro tempo, tendiamo a trascurare l'esercizio fisico, l'alimentazione sana e il sonno adeguato, elementi fondamentali per mantenere il corpo in salute. Dedicare tempo a queste attività ci aiuta a mantenere una buona salute fisica, aumentando la nostra energia e la nostra capacità di affrontare le sfide quotidiane.

Un equilibrio sano tra lavoro e vita privata migliora anche la produttività e la performance lavorativa. Può sembrare controintuitivo, ma lavorare incessantemente non sempre porta a una maggiore produttività. La stanchezza e il burnout riducono la nostra capacità di concentrazione, creatività e decision making. Prendersi delle pause regolari e avere tempo per rilassarsi e ricaricarsi ci rende più efficaci e produttivi quando siamo effettivamente al lavoro. Un lavoratore riposato e motivato è in grado di affrontare le sfide lavorative con maggiore entusiasmo e competenza.

Le relazioni interpersonali beneficiano enormemente da un buon equilibrio tra lavoro e vita privata. Le relazioni familiari e sociali richiedono tempo e attenzione per prosperare. Quando il lavoro prende il sopravvento, queste relazioni possono soffrire, portando a sentimenti di isolamento e insoddisfazione. Dedicare tempo di qualità ai propri cari rafforza i legami, crea un senso di appartenenza e supporto e contribuisce a una vita più soddisfacente. Questi rapporti solidi offrono un sistema di supporto fondamentale nei momenti di difficoltà.

Un altro aspetto cruciale è il senso di realizzazione personale. Ognuno di noi ha passioni e interessi al di fuori del lavoro che sono importanti per il nostro senso di identità e felicità. Dedicare tempo a questi interessi personali, che si tratti di hobby, sport, arte o volontariato, ci permette di esprimere noi stessi e di coltivare talenti e abilità che arricchiscono la nostra vita. Queste attività non solo ci forniscono gioia e soddisfazione, ma migliorano anche la nostra autostima e il nostro benessere generale.

Inoltre, un buon equilibrio tra lavoro e vita privata è fondamentale per la crescita professionale a lungo termine. I datori di lavoro stanno sempre più riconoscendo l'importanza del benessere dei propri dipendenti e molte aziende stanno implementando politiche di work-life balance per migliorare la soddisfazione e la fidelizzazione dei dipendenti. Essere in grado di gestire efficacemente il proprio tempo e di mantenere un equilibrio sano è una competenza apprezzata nel mondo del lavoro, che può portare a maggiori opportunità di crescita e avanzamento professionale.

In conclusione, mantenere un equilibrio tra lavoro e vita privata è essenziale per il benessere mentale, fisico ed emotivo. Questo equilibrio migliora la produttività, rafforza le relazioni interpersonali, favorisce la realizzazione personale e supporta la crescita professionale. Investire tempo ed energia per trovare questo equilibrio è fondamentale per vivere una vita più equilibrata, soddisfacente e piena di significato.

Come Identificare e Ridurre i Fattori di Squilibrio nella Vita Quotidiana

Trovare un equilibrio tra lavoro e vita privata può essere una sfida costante, soprattutto quando diversi fattori di squilibrio interferiscono con la nostra capacità di gestire efficacemente il tempo e le energie. Identificare questi fattori e adottare strategie per ridurli è essenziale per migliorare il nostro benessere e mantenere un equilibrio sano.

Ecco come puoi affrontare questa sfida in modo pratico e efficace.

Il primo passo per identificare i fattori di squilibrio è un'attenta auto-riflessione. Prenditi del tempo per analizzare come trascorri le tue giornate e cosa ti causa più stress. Potrebbe essere utile tenere un diario per una settimana, annotando tutte le attività e le emozioni associate a ciascuna di esse. Questo ti aiuterà a individuare i momenti in cui ti senti sopraffatto e le situazioni che contribuiscono maggiormente allo stress. Una volta che hai una panoramica chiara, potrai individuare i fattori di squilibrio principali.

Un fattore comune di squilibrio è la gestione inefficace del tempo. Molte persone si trovano a dover affrontare troppe attività in un arco di tempo limitato, il che porta a una sensazione di costante urgenza e stress. Per ridurre questo squilibrio, è fondamentale imparare a pianificare meglio le proprie giornate. Utilizzare strumenti come agende, calendari digitali o app di gestione del tempo può aiutare a organizzare le attività in modo più efficace. Prioritizzare le attività più importanti e delegare quelle meno cruciali può fare una grande differenza nel bilanciare il carico di lavoro.

Un altro fattore di squilibrio è la mancanza di confini chiari tra lavoro e vita privata. Con l'aumento del lavoro da remoto, questa distinzione è diventata ancora più difficile. Per affrontare questo problema, stabilire confini netti tra il tempo dedicato al lavoro e quello riservato alla vita privata è essenziale. Creare un ambiente di lavoro dedicato e definire orari di lavoro specifici può aiutare a mantenere questa separazione. Inoltre, assicurarsi di spegnere i dispositivi di lavoro al termine della giornata lavorativa e di evitare di controllare le email fuori orario contribuisce a proteggere il tempo personale.

Lo squilibrio può anche derivare dalla tendenza a dire di sì a troppe richieste, sia professionali che personali. Questo può portare a un sovraccarico di impegni e a una sensazione di esaurimento. Imparare a dire di no è una competenza importante per mantenere l'equilibrio. Valutare attentamente le richieste in base alle proprie priorità e capacità aiuta a prendere decisioni più consapevoli. Ricorda che dire di no a un impegno non significa essere egoisti, ma piuttosto prendersi cura del proprio benessere e della propria capacità di dare il meglio di sé negli impegni che si scelgono.

La mancanza di tempo per il relax e il recupero è un altro fattore di squilibrio significativo. Spesso, il tempo per sé stessi viene sacrificato a favore delle responsabilità lavorative e familiari. Tuttavia, dedicare tempo al relax e alle attività che ci piacciono è essenziale per mantenere l'equilibrio e prevenire il burnout. Pianificare momenti di relax nella propria agenda, come una passeggiata, la lettura di un libro o la pratica di un hobby, può aiutare a garantire che il tempo personale non venga trascurato.

Un ulteriore fattore di squilibrio può essere l'inefficienza nella gestione dello stress. Lo stress cronico non solo influisce negativamente sulla salute mentale e fisica, ma compromette anche la nostra capacità di gestire efficacemente il tempo e le responsabilità. Praticare tecniche di gestione dello stress, come la meditazione, il yoga o la respirazione profonda, può aiutare a mantenere la calma e la lucidità anche nelle situazioni più impegnative. Integrare queste pratiche nella routine quotidiana contribuisce a ridurre lo stress e a migliorare l'equilibrio generale.

In conclusione, identificare e ridurre i fattori di squilibrio nella vita quotidiana richiede consapevolezza, pianificazione e l'adozione di strategie efficaci. Attraverso una riflessione attenta, la gestione del tempo, l'impostazione di confini chiari, l'apprendimento a dire di no, il dedicare tempo al relax e la gestione dello stress, possiamo migliorare il nostro benessere e mantenere un equilibrio sano tra lavoro e vita privata. Investire in queste pratiche ci permette di vivere una vita più equilibrata, soddisfacente e significativa.

Strategie per Mantenere Abitudini Salutari

Mantenere abitudini salutari è fondamentale per il benessere fisico, mentale ed emotivo. Tuttavia, con le pressioni della vita moderna, può essere difficile mantenere una routine equilibrata. Ecco alcune strategie pratiche per instaurare e mantenere abitudini salutari che contribuiscano a un miglior equilibrio tra lavoro e vita privata.

La chiave per mantenere abitudini salutari è iniziare con piccoli cambiamenti. Spesso, tentare di trasformare drasticamente la propria routine può essere scoraggiante e difficile da sostenere nel lungo termine. Invece, concentrare l'attenzione su piccoli cambiamenti graduali permette di costruire nuove abitudini in modo più sostenibile. Ad esempio, anziché decidere di fare un'ora di esercizio fisico ogni giorno, si può iniziare con 10-15 minuti di attività fisica quotidiana, aumentando gradualmente la durata man mano che la nuova abitudine si radica.

La pianificazione è un altro elemento cruciale per mantenere abitudini salutari. Organizzare il proprio tempo in modo efficace aiuta a garantire che le attività salutari diventino parte integrante della routine quotidiana. Utilizzare un calendario o un'app di pianificazione per schedulare momenti specifici dedicati all'esercizio fisico, ai pasti sani e al riposo può fare una grande differenza. Ad esempio, programmare una camminata quotidiana durante la pausa pranzo o dedicare un'ora alla preparazione dei pasti la domenica sera può aiutare a mantenere queste abitudini nel lungo termine.

Il supporto sociale gioca un ruolo significativo nel mantenere abitudini salutari. Coinvolgere amici, familiari o colleghi nelle proprie attività salutari può aumentare la motivazione e il senso di responsabilità. Partecipare a gruppi di fitness, condividere obiettivi di salute con un partner o unirsi a una comunità online dedicata a uno stile di vita sano può fornire incoraggiamento e sostegno. Questo senso di comunità non solo rende le attività più piacevoli, ma offre anche un sistema di supporto per affrontare le sfide che possono sorgere lungo il percorso.

La consapevolezza e la mindfulness sono strumenti potenti per mantenere abitudini salutari. Essere consapevoli delle proprie scelte e delle motivazioni che le guidano aiuta a prendere decisioni più deliberate e coerenti con i propri obiettivi di salute. La pratica della mindfulness può aiutare a ridurre lo stress, migliorare la concentrazione e promuovere una maggiore consapevolezza delle abitudini quotidiane. Ad esempio, mangiare in modo consapevole, prestando attenzione ai segnali di fame e sazietà, può migliorare significativamente le abitudini alimentari.

Un altro aspetto importante è stabilire obiettivi realistici e misurabili. Definire obiettivi chiari aiuta a mantenere la motivazione e a monitorare i progressi. Questi obiettivi dovrebbero essere specifici, raggiungibili e temporizzati. Ad esempio, piuttosto che impostare un obiettivo generico come "mangiare più sano", si potrebbe stabilire un obiettivo specifico come "mangiare almeno cinque porzioni di frutta e verdura al giorno per un mese". Raggiungere questi obiettivi intermedi fornisce un senso di realizzazione e incoraggia a continuare a perseguire abitudini salutari.

La flessibilità è altrettanto importante. Nonostante i migliori sforzi, ci saranno inevitabilmente giorni in cui sarà difficile mantenere le abitudini salutari. Accettare che queste situazioni fanno parte del percorso e non essere troppo severi con se stessi aiuta a riprendere rapidamente le buone abitudini senza sentimenti di colpa o frustrazione. La resilienza nel ritorno alle abitudini salutari dopo una deviazione è un segno di un approccio equilibrato e sostenibile alla salute.

Infine, è essenziale celebrare i successi lungo il cammino. Riconoscere e festeggiare i progressi, per quanto piccoli, aiuta a mantenere la motivazione e a rafforzare l'impegno verso uno stile di vita sano. Questo può essere fatto attraverso piccoli premi personali, come concedersi un trattamento speciale o semplicemente prendendosi un momento per riflettere sui progressi fatti.

In conclusione, mantenere abitudini salutari richiede un approccio strategico che include piccoli cambiamenti, pianificazione, supporto sociale, consapevolezza, obiettivi realistici, flessibilità e celebrazione dei successi. Integrando queste strategie nella vita quotidiana, è possibile creare e sostenere uno stile di vita equilibrato e salutare che contribuisce al benessere complessivo.

Importanza del Tempo Libero e del Divertimento

Il tempo libero e il divertimento sono componenti essenziali per una vita equilibrata e soddisfacente. Troppo spesso, nella frenesia della vita moderna, queste attività vengono trascurate a favore delle responsabilità lavorative e personali. Tuttavia, il tempo dedicato al relax e al divertimento non è semplicemente un lusso, ma una necessità fondamentale per il benessere fisico, mentale ed emotivo.

Il tempo libero offre l'opportunità di ricaricare le energie. Il lavoro e gli impegni quotidiani possono essere estremamente esigenti, sia fisicamente che mentalmente. Prendersi una pausa consente al corpo e alla mente di recuperare, riducendo i livelli di stress e prevenendo il burnout. Questo riposo è cruciale per mantenere la produttività e la concentrazione nel lungo termine. Quando ci permettiamo di rilassarci e di distogliere la mente dalle preoccupazioni quotidiane, torniamo alle nostre attività con rinnovata energia e creatività.

Il divertimento, inoltre, stimola la creatività e l'innovazione. Le attività ludiche, come i giochi, lo sport o l'arte, liberano la mente dai confini rigidi del pensiero logico e analitico, permettendo di esplorare nuove idee e soluzioni. Questo tipo di attività non solo è divertente, ma favorisce anche lo sviluppo di nuove prospettive e approcci che possono essere applicati in vari aspetti della vita, compreso il lavoro. La creatività è spesso alimentata da esperienze di svago e divertimento che incoraggiano il pensiero fuori dagli schemi.

Il tempo libero e il divertimento sono fondamentali per il benessere emotivo. Le attività piacevoli rilasciano endorfine, i cosiddetti "ormoni della felicità", che migliorano l'umore e creano un senso di benessere. Inoltre, dedicarsi a passioni e hobby personali offre un senso di realizzazione e soddisfazione. Questo non solo contribuisce a un umore più positivo, ma può anche aumentare l'autostima e la fiducia in sé stessi. Le persone che dedicano tempo alle proprie passioni tendono a essere più felici e più soddisfatte della loro vita complessiva.

Un altro aspetto importante è il miglioramento delle relazioni interpersonali. Il tempo libero spesso offre l'opportunità di connettersi con gli altri in modo più significativo. Partecipare a attività sociali, passare del tempo con amici e familiari, o anche incontrare nuove persone attraverso interessi comuni rafforza i legami sociali e crea una rete di supporto emotivo. Questi momenti di connessione sono essenziali per costruire e mantenere relazioni forti e significative, che sono una fonte importante di supporto e felicità.

Il divertimento può anche essere un antidoto efficace contro lo stress e l'ansia. Le attività che ci fanno ridere e che ci permettono di lasciarci andare alleviano la tensione e riducono i livelli di cortisolo, l'ormone dello stress. Ridere, in particolare, ha numerosi benefici per la salute, tra cui il miglioramento della funzione immunitaria, l'aumento della soglia del dolore e la promozione di un atteggiamento più positivo verso la vita. Prendersi il tempo per divertirsi non solo ci fa sentire meglio nel breve termine, ma contribuisce anche a una salute migliore nel lungo periodo.

Inoltre, il tempo libero dedicato al divertimento può aiutare a riscoprire e sviluppare talenti nascosti. Le attività ricreative offrono la possibilità di esplorare nuovi interessi e di coltivare abilità che possono arricchire la nostra vita. Che si tratti di imparare a suonare uno strumento musicale, di praticare uno sport o di cimentarsi in attività artistiche, queste esperienze ampliano i nostri orizzonti e ci forniscono un senso di progresso e crescita personale.

In conclusione, il tempo libero e il divertimento non sono semplici passatempi, ma elementi cruciali per una vita equilibrata e appagante. Essi permettono di ricaricare le energie, stimolare la creatività, migliorare il benessere emotivo, rafforzare le relazioni interpersonali, ridurre lo stress e sviluppare nuovi talenti. Investire tempo nel divertimento e nel relax è essenziale per mantenere un equilibrio sano tra lavoro e vita privata, garantendo un benessere duraturo e una maggiore soddisfazione personale.

Come Creare una Routine Giornaliera Bilanciata

Creare una routine giornaliera bilanciata è fondamentale per mantenere un equilibrio tra le diverse sfere della vita, promuovendo il benessere fisico, mentale ed emotivo. Una routine ben strutturata aiuta a gestire il tempo in modo efficace, ridurre lo stress e aumentare la produttività. Ecco alcune strategie pratiche per creare e mantenere una routine giornaliera bilanciata.

Iniziare la giornata con intenzionalità è il primo passo verso una routine bilanciata. La mattina è un momento cruciale che può impostare il tono per il resto della giornata. Svegliarsi a un'ora regolare e dedicare i primi momenti del giorno a pratiche di benessere come la meditazione, la respirazione profonda o lo stretching può aiutare a iniziare la giornata con calma e chiarezza mentale. Questo tempo dedicato a sé stessi consente di affrontare le sfide della giornata con una mente più rilassata e focalizzata.

Pianificare le attività della giornata è essenziale per garantire che tutte le aree importanti della vita ricevano l'attenzione necessaria. Utilizzare un calendario o un'agenda per suddividere le ore della giornata in blocchi di tempo dedicati a specifiche attività aiuta a evitare di trascurare aspetti cruciali come il lavoro, la cura di sé, le relazioni e il tempo libero. Ad esempio, dedicare ore specifiche alla produttività lavorativa, intervallate da pause regolari per il riposo e il recupero, può migliorare la concentrazione e prevenire il burnout.

L'equilibrio tra lavoro e vita privata richiede la definizione di confini chiari. Stabilire orari precisi per l'inizio e la fine del lavoro aiuta a prevenire l'invasione delle responsabilità lavorative nella sfera personale. Dopo l'orario di lavoro, spegnere i dispositivi elettronici legati al lavoro e dedicare il tempo rimanente ad attività personali e familiari è cruciale per mantenere un equilibrio sano. Questo aiuta a creare una netta separazione tra le responsabilità professionali e il tempo personale, riducendo lo stress e migliorando la qualità della vita.

Integrare l'attività fisica nella routine quotidiana è un altro elemento fondamentale. L'esercizio fisico non solo migliora la salute fisica, ma ha anche benefici significativi per il benessere mentale. Anche brevi sessioni di attività fisica, come una passeggiata di 30 minuti o una sessione di yoga, possono fare una grande differenza. Pianificare l'esercizio fisico in orari fissi della giornata, come al mattino presto o dopo il lavoro, aiuta a trasformare questa pratica in un'abitudine regolare e sostenibile.

L'alimentazione equilibrata è un altro pilastro di una routine giornaliera bilanciata. Prendersi il tempo per pianificare e preparare pasti sani assicura che il corpo riceva i nutrienti necessari per mantenere alti livelli di energia e concentrazione. Mangiare pasti regolari e bilanciati aiuta a evitare i cali di energia e mantiene la mente lucida e produttiva. Inoltre, fare attenzione a mantenere un'adeguata idratazione durante la giornata è altrettanto importante per il benessere generale.

Il tempo per il relax e il divertimento non deve essere trascurato. Pianificare momenti di svago e attività che portano gioia e soddisfazione è essenziale per mantenere l'equilibrio e prevenire il burnout. Che si tratti di leggere un libro, praticare un hobby, passare del tempo con gli amici o guardare un film, queste attività ricaricano le batterie emotive e offrono un necessario distacco dalle responsabilità quotidiane.

Infine, terminare la giornata con una routine serale rilassante può migliorare la qualità del sonno e preparare la mente e il corpo per il giorno successivo. Ridurre l'esposizione agli schermi almeno un'ora prima di andare a letto, praticare la lettura o la meditazione e riflettere sui momenti positivi della giornata aiutano a creare una transizione calma e serena verso il riposo notturno.

In conclusione, creare una routine giornaliera bilanciata richiede pianificazione, disciplina e attenzione alle proprie esigenze di benessere. Iniziare la giornata con intenzionalità, pianificare le attività in modo efficace, definire confini chiari tra lavoro e vita privata, integrare l'attività fisica, mantenere un'alimentazione equilibrata, dedicare tempo al relax e concludere la giornata con una routine serale rilassante sono tutti elementi essenziali per una vita equilibrata e soddisfacente. Investire nel bilanciamento della routine quotidiana porta a un benessere duraturo e a una maggiore qualità della vita.

Esercizi per Mettere in Pratica le Strategie

Questo capitolo si concentra sull'importanza di mantenere un equilibrio tra lavoro e vita privata, identificare e ridurre i fattori di squilibrio, sviluppare abitudini salutari, valorizzare il tempo libero e il divertimento, e creare una routine giornaliera bilanciata. Ecco alcuni esercizi pratici per integrare queste strategie nella tua vita quotidiana.

Esercizio 1: Bilanciamento delle Attività Quotidiane

Questo esercizio ti aiuterà a valutare come utilizzi il tuo tempo e ad apportare modifiche per migliorare il tuo equilibrio quotidiano.

Istruzioni:

Tenere un Diario Settimanale: Per una settimana, annota ogni attività che svolgi, inclusi il lavoro, le pause, il tempo libero e le attività domestiche. Sii il più dettagliato possibile.

Analisi del Diario: Alla fine della settimana, analizza il tuo diario per identificare dove dedichi più tempo. Nota se ci sono squilibri evidenti, come troppo tempo dedicato al lavoro e poco al relax.

Aggiustamenti: In base alla tua analisi, identifica due o tre cambiamenti che puoi fare per migliorare il bilancio tra lavoro e vita privata. Ad esempio, potresti decidere di dedicare più tempo all'attività fisica o di limitare le ore di lavoro serale.

Implementazione: Apporta questi cambiamenti alla tua routine per la settimana successiva e monitora come ti senti. Ripeti l'esercizio mensilmente per mantenere un buon equilibrio.

Esercizio 2: Definire Confini Chiari

Stabilire confini tra il lavoro e la vita privata è essenziale per mantenere l'equilibrio.

Istruzioni:

Orari di Lavoro Fissi: Stabilisci orari chiari per l'inizio e la fine della tua giornata lavorativa. Evita di lavorare al di fuori di questi orari.

Crea uno Spazio di Lavoro Dedicato: Se possibile, lavora in un'area specifica della casa e evita di utilizzare questo spazio per attività personali.

Rituale di Fine Giornata: Introduci un rituale di fine giornata per segnalare la fine del lavoro. Può essere qualcosa di semplice come chiudere il computer, fare una breve passeggiata o leggere un libro per qualche minuto.

Comunicazione: Comunica chiaramente i tuoi orari di lavoro ai colleghi e alla famiglia per stabilire aspettative realistiche.

Esercizio 3: Pianificazione di Giornate di "Digital Detox"

Scollegarsi dai dispositivi elettronici periodicamente può migliorare il benessere mentale e la qualità delle relazioni.

Istruzioni:

Seleziona un Giorno: Scegli un giorno della settimana in cui puoi evitare l'uso di dispositivi elettronici, come il telefono, il computer e la TV.

Pianifica Attività Alternative: Organizza attività che non richiedono l'uso di dispositivi digitali, come escursioni, lettura, cucina, giardinaggio o hobby manuali.

Prepara i Tuoi Contatti: Informa amici e familiari della tua giornata di "digital detox" in modo che sappiano che non sarai raggiungibile.

Riflessione: Alla fine della giornata, rifletti su come ti sei sentito senza dispositivi e cosa hai notato riguardo al tuo benessere mentale e fisico.

Esercizio 4: Sperimentare Nuovi Hobby

Esplorare nuovi interessi può arricchire la tua vita e offrire nuove fonti di gioia e rilassamento.

Istruzioni:

Identifica un Nuovo Hobby: Pensa a qualcosa che hai sempre voluto provare ma non hai mai avuto il tempo o il coraggio di fare. Può essere un'attività creativa, uno sport, o un'abilità pratica.

Ricerca: Trova risorse, corsi online o gruppi locali che ti aiutino a iniziare. Molte risorse sono disponibili gratuitamente o a basso costo.

Impegno Settimanale: Dedica un'ora alla settimana al tuo nuovo hobby per almeno un mese. Prendi nota dei progressi e delle sensazioni che provi.

Valutazione: Dopo un mese, valuta se il nuovo hobby ti ha portato gioia e se desideri continuare. Se sì, considera di integrarlo regolarmente nella tua routine.

Esercizio 5: Creare un Piano di Benessere Settimanale

Un piano ben strutturato ti aiuterà a garantire che tutte le aree importanti del benessere siano incluse nella tua routine.

Istruzioni:

Definisci le Aree Chiave: Identifica le aree su cui vuoi concentrarti, come l'esercizio fisico, la meditazione, il tempo libero e le attività sociali.

Pianifica le Attività: Assegna giorni e orari specifici per ciascuna attività. Ad esempio, puoi pianificare esercizio fisico il lunedì, mercoledì e venerdì, meditazione ogni mattina e attività sociali nel weekend.

Bilanciamento: Assicurati che il piano includa un bilanciamento tra lavoro, attività fisica, riposo e divertimento.

Monitoraggio: Alla fine della settimana, valuta come è andata. Cosa ha funzionato bene? Cosa può essere migliorato? Apporta le modifiche necessarie per la settimana successiva.

Questi esercizi ti aiuteranno a mettere in pratica le strategie apprese, migliorando il tuo equilibrio tra lavoro e vita privata e contribuendo a un benessere complessivo maggiore.

"L'equilibrio non è qualcosa che trovi, è qualcosa che crei." - Jana Kingsford

Se pensi che questo libro ti sia

piaciuto e ti abbia aiutato ti
chiedo

solo di dedicarmi pochi secondi a

lasciare una breve recensione su

Amazon !

Grazie,

Giulia Castelli